赢在组织

从人才争夺到组织发展

戴维·尤里奇（Dave Ulrich）
[美] 大卫·克雷先斯基（David Kryscynski） 著
韦恩·布鲁克班克（Wayne Brockbank）
麦克·尤里奇（Mike Ulrich）

孙冰 范海鸿 译 康至军 审校

VICTORY THROUGH ORGANIZATION

WHY THE WAR FOR TALENT IS FAILING YOUR COMPANY AND WHAT YOU CAN DO ABOUT IT

机械工业出版社
CHINA MACHINE PRESS

图书在版编目（CIP）数据

赢在组织：从人才争夺到组织发展 /（美）戴维·尤里奇（Dave Ulrich）等著；孙冰，范海鸿译．—北京：机械工业出版社，2019.2（2024.8 重印）

书名原文：Victory Through Organization: Why the War for Talent Is Failing Your Company and What You Can Do about It

ISBN 978-7-111-61864-5

I. 赢… II. ①戴… ②孙… ③范… III. 人力资源管理 IV. F243

中国版本图书馆 CIP 数据核字（2019）第 018653 号

北京市版权局著作权合同登记　图字：01-2018-2566 号。

Dave Ulrich, David Kryscynski, Wayne Brockbank, Mike Ulrich. Victory Through Organization: Why the War for Talent Is Failing Your Company and What You Can Do about It.

ISBN 978-1-259-83764-7

Copyright © 2017 by Dave Ulrich, David Kryscynski, Wayne Brockbank, Mike Ulrich.

All Rights reserved. No part of this publication may be reproduced or transmitted in any form or by any means, electronic or mechanical, including without limitation photocopying, recording, taping, or any database, information or retrieval system, without the prior written permission of the publisher.

This authorized Chinese translation edition is jointly published by McGraw-Hill Education and China Machine Press. This edition is authorized for sale in the Chinese mainland (excluding Hong Kong SAR, Macao SAR and Taiwan).

Translation copyright © 2019 by McGraw-Hill Education and China Machine Press.

版权所有。未经出版人事先书面许可，对本出版物的任何部分不得以任何方式或途径复制或传播，包括但不限于复印、录制、录音，或通过任何数据库、信息或可检索的系统。

本授权中文简体字翻译版由麦格劳-希尔教育出版公司和机械工业出版社合作出版。此版本经授权仅限在中国大陆地区（不包括香港、澳门特别行政区及台湾地区）销售。

版权 © 2019 由麦格劳-希尔教育出版公司与机械工业出版社所有。

本书封面贴有 McGraw-Hill Education 公司防伪标签，无标签者不得销售。

赢在组织
从人才争夺到组织发展

出版发行：机械工业出版社（北京市西城区百万庄大街 22 号 邮政编码：100037）	
责任编辑：杜若佳　鲜梦思	责任校对：李秋荣
印　　刷：固安县铭成印刷有限公司	版　次：2024 年 8 月第 1 版第 10 次印刷
开　　本：170mm×242mm　1/16	印　张：16.25
书　　号：ISBN 978-7-111-61864-5	定　价：59.00 元

客服电话：(010) 88361066　68326294

版权所有·侵权必究
封底无防伪标均为盗版

推荐语
Victory Through Organization

戴维·尤里奇教授是我最推崇的、真正具有全球影响力的组织与人力资源管理大师。他的管理思想和智慧引领了全球企业的组织与人力资源管理的正确方向。他创造性地提出的组织能力理论与人力资源管理三支柱模型，对中国企业的组织能力建设和人力资源管理的战略性转型升级具有重大的指导意义和操作性应用价值。

——彭剑锋，中国人民大学教授、中国人力资源开发研究会常务副会长兼企业人才分会会长

作为全球最知名的人力资源管理大师，戴维·尤里奇提出要用"由外而内"的方式看待人力资源管理。由于市场对企业的响应速度和学习能力提出了越来越高的要求，HR仅仅聚焦于工作的专业性是远远不够的。由外而内就是围绕企业战略调整自己的服务方案，用以客户为导向的思维为投资人、企业高层、部门主管、普通员工创造更大的价值。最终，HR这一角色会与企业的业务活动联系得愈加紧密。

——张国维，著名人力资源专家，北京盈余云朵管理咨询有限公司创始人

20多年前，戴维·尤里奇就已经确立了人力资源的发展方向：从运营的角度将团队变为战略合作伙伴。他带领我们迈向另一个新方向，并使我的思维发生了根本性改变。我原来的战略和工作安排都是内部导向的，但他的融入外部客户的建议给我打开了新局面。本书所展现的原则、概念和能力将我们的实践水平提高到战略层面，为人力资源管理者提供了新视角，这些可以保证企业的竞争优势和持续增长。

——乔健，联想集团高级副总裁

作为人力资源管理专业国际大师，尤里奇的巨大影响力源于他长达20多年孜孜不倦、严谨规范的研究与咨询实践。尤里奇一直引导全球人力资源管理转型潮流，本书的出版标志着人力资源管理转型步入一个新的阶段。

——彭纪生，南京大学人力资源管理学系教授，博士生导师

20世纪90年代，戴维·尤里奇就提出HR应当从职能专家变为业务伙伴。20年后，尤里奇又引导HR重启思维，以"由外而内"的视角重新审视人力资源工作。本书提出的理念和方法，将使得人力资源实践更有战略性，从而创造更大的价值。

——杨彦，万科集团人力资源部总经理，万科管理学院执行院长

推荐序一

Victory
Through
Organization

　　戴维·尤里奇（Dave Ulrich）被誉为现代人力资源管理之父，是最早推动"战略人力资源"概念的关键人物。我与戴维相识多年，戴维是我在美国密歇根大学攻读博士研究生时候的导师，也是我多年以来的良师益友。这些年，我们在不同的组织和活动中一起合作，他对于我来说亦师亦友。2019年，我们有幸一起再次合写一本新书 Reinventing the Organization，该书将由美国哈佛商学院出版社在9月全球发行，值得期待！

　　戴维在人力资源领域开展了大量的理论研究，也产生了很多极具影响力的作品，而令我印象最深刻的则是他所提出的研究理论背后所遵循的规律和特点。

　　首先，一切以最终创造价值为依归。戴维在做所有理论研究的时候都在思考一个永恒不变的问题，那就是"人力资源如何为企业创造真正的价值"。这不是传统思维中人力资源从业人员如何提高专业技能，如何深谙招聘、薪酬、培训和组织发展等实践，而是人力资源部如何作为战略性角色，进入公司高层决策团队，参与战略决策的制定，切实帮助公司高层领导者建设组织能力、有效管理团队、实现商业目标，进而为公司股东、客户、员工以及社会创造更大的价值。

其次,戴维所有的著作都是具备前瞻性的。近20年来,戴维基于扎实的研究和咨询实践,紧跟趋势发展,为当下人力资源和组织领域提出了最前沿、最具创新性的观点。他以理念引领HR转型,将HR转型的浪潮分为了四个阶段:从1.0版本一直发展到了4.0版本"由外而内重建HR"。同时,戴维一直以来持续关注HR胜任力的演变发展和未来趋势,对人力资源部和人力资源专业人士不断地提出更高、更新的定位和要求,从而提升人力资源在业界的专业度和影响力。

再次,戴维的管理理论一直都非常强调实用性。无法落地的理论研究是没有价值的。这个实用性体现在他提出的理论框架一般都会辅以全球范围内的最佳实践案例来配合阐述。戴维既有理论研究的高度,同时又能兼顾方法工具的实操性。一般采用"理念–案例–工具"的实用手法,戴维会给HR人员提供操作指南,比如一些自我审视的方法工具,帮助管理者通过自我审视来不断地提升组织和人才的专业度。

最后,戴维最突出的过人之处是能够把复杂理论和现象简单化。大道至简,伟大的思想都简单而通用。在这个充满不确定性的VUCA时代,他能够在瞬息万变、错综复杂的商业管理情景中快速而精准地抓到核心要点,并以深入浅出、清晰明了的沟通方式让大众快速理解并最终付诸实践。企业界的管理问题往往是千头万绪和错综复杂的,他能够如此抽丝剥茧、切中要害,将复杂理论简单化,对于企业家的管理决策落地是非常有效的。

喜闻戴维将在2019年在国内出版三本系列中文书,我很乐意受邀为新书写序。在过去的30多年里,我的研究和咨询工作一直围绕"组织能力"展开,不论时代如何更迭变迁,企业持续成功的秘诀离不开组织能力的打造。戴维在新书里很好地阐述了为什么组织至关重要,组织超越个体人才的价值所在。《赢在组织:从人才争夺到组织发展》一书基于对人力资源30年共7轮的研究以及面对全球超过3万份人力资源从业者的调研结果，得出组织的竞争优势大于局部个人的总和。由于专业性、信息成本优化、互补性、心理满足感以及创造和善用才能等因素，组织以整合和互补的特性创造出了企业独特的竞争优势。同时，本书还提出了高效的人力资源部应当将外部信息引入组织内部，并提供整合的解决方案，如此才能帮助企业更好地赢得竞争。另外，本书也从个人层面提出了人力资源专业人士应当具备的核心胜任力——矛盾疏导者、值得信赖的行动派、战略定位者、文化变革倡导者以及技术和媒体整合者，让大家能够更加清晰地认识新时代下自身的角色、定位和使命。

《变革的HR：从外到内的HR新模式》很好地解答了"人力资源部如何才能真正创造价值"。真正的战略性业务伙伴，必须从"管理和专业视角"转变为"业务和经营视角"。业务和经营挑战，才是人力资源工作的真正起点。在过去的半个世纪里，戴维经历并见证了人力资源不同的发展阶段以及专业HR角色的演化、发展和转型，这也充分体现了戴维在研究领域的战略前瞻和与时俱进。

《高绩效的HR》则提出了下一代HR真正必须要做的是创造和交付业务层面的价值。高绩效HR不仅仅需要具备HR的专业功底，更重要的是还能深度探讨企业运营所处的商业环境、利益相关者的期望以及经营战略。戴维所进行的人力资源胜任力研究是基于全球最大的HR专业人士胜任力数据库，历时25年的实证研究所得出的结论。他认为，高绩效HR需要以由外而内的方式来思考和行动，所以他给未来的HR提出了一个更高的期望和要求，成为"战略定位的核心参与者"，掌握四个阶段（理解业务基础、贡献并参与构建战略、与外部利益相关者保持一致、预测外部趋势），做好三种角色（讲故事的人、解读战略的人和推动战略的人），从而帮助组织赢取未来。

我个人极力推荐中国的企业家、企业高管、人力资源专业人士以及对企业管理感兴趣的人,系统深入地阅读戴维的这一系列的中文新书。相信这些书能够帮助中国企业重塑人力资源在 VUCA 时代的使命和价值,通过不断地自我审视、自我提升,让我们的企业实现卓越发展、基业长青!

杨国安(Arthur Yeung)
2019 年 2 月 4 日于香港

推荐序二　Victory Through Organization

HR如何在打造有生命力的组织中发挥关键作用

30年致力于研究伟大公司的吉姆·柯林斯在《基业长青》一书中写道："伟大公司的创办人通常都是制造时钟的人，而不是报时的人。他们主要致力于建立一个时钟，而不只是找对时机，用一种高瞻远瞩的产品打入市场；他们并非致力于高瞻远瞩领袖的人格特质，而是致力于构建高瞻远瞩公司的组织特质，他们最伟大的创造物是公司本身及其代表的一切。"今天的中国，越来越多的企业家认识到自己要成为"造钟"的人，而非"报时"的钟，所谓"造钟"就是打造从优秀到卓越、基业长青的组织能力。

由技术和全球化驱动的颠覆性巨变，使得改革开放40多年的短缺经济带来的机会驱动增长的时代已经远去，企业家既面临商业环境的巨大动荡和颠覆带来的外在挑战，又面临人才争夺和组织建设的内部挑战，很多企业家感到刻骨铭心的"本领恐慌"，但不知道症结何在，以及如何下手？据《中国证券报》统计，2014年上市公司董事长辞职人数共计189人，到了2015年该数据大幅飙升至479人，2016年增至548人，2017年达561人，2018年上市公司频繁"换帅"的情况延续，达到创纪录的604人，以A股3584家公司估算，2018年平均每6家上市公司就有1名董事长离职，董事长的任期越来越短。这从一个侧面反映了商业巨变带给企业家和组织的不适应，工业化时代的经营管理模式已经不能适应数字时代的竞争。

美团网的创始人王兴是互联网圈出了名的战略家，信奉"企业成功＝战略思维×组织能力"，他提出在移动互联时代做企业，就是要实现从"登山到航海"，这是两种不同的思维模式和经营模式。他在2018年春节给全体员工的信中说："我们要通过苦练基本功，把它内化成我们组织的能力。把基本功练扎实，我们就能赢99%的事情。"实际上，过去20年，华为、阿里巴巴、腾讯等优秀企业正是这个公式活学活用的成功典范，尤其是组织能力建设成为它们长期制胜的关键法宝。

在这个公式中，"战略思维"是组织前进的导航仪，在未知和动荡的世界中不断寻觅正确的方向、目标和机会；"组织能力"是人才、文化、制度和流程的有机融合，是实现众志成城，建立"宗教般"的组织文化，持续敏捷进化，适应新的环境和挑战，打赢一场又一场新战役的强大载体。在这两个关键要素中，从根本来说，组织能力更加基础和重要。一个组织就像一支球队，教练制定战略和目标，球员专业勤勉、奋勇拼搏，教练可以引进，团队却必须自己打造！

戴维·尤里奇是密歇根大学商学院的著名教授、全球最具影响力的人力资源大师，也是组织能力建设的大师，他是杨国安教授的恩师和好友，杨国安教授指导了腾讯公司的组织能力建设，出版了《组织能力的杨三角》等畅销书，产生了广泛的影响力。本次机械工业出版社华章公司集结出版尤里奇教授的三部HR著作：《赢在组织：从人才争夺到组织发展》《变革的HR：从外到内的HR新模式》《高绩效的HR》（暂定）。这三本书将非常有助于我们深入了解组织能力建设的国际前沿研究，帮助HR明确自身的角色和胜任力标准，获得最佳实践的工具和方法，加速中国企业的组织能力建设步伐。尤其值得关注的是《赢在组织：从人才争夺到组织发展》，它提出了一个核心问题，就是组织要从"人才争夺"转到"组织发展",要从"资源要素"的获得转向"组织能力"的建设。

对于HR胜任力和组织能力的极大兴趣与关注,源自我两次当面聆听尤里奇教授的讲座,这也给我研究创业企业核心能力的博士论文的写作带来极大的帮助。第一次是在2007年1月18日,他来到清华大学经管学院做了一天的关于第五轮"HR胜任力"调研成果的报告,我作为清华大学经管高管培训中心负责人组织了本次活动。那一天,杨国安教授也专程从上海飞过来参加,300多位中外优秀企业的人力资源负责人参加了论坛,尤里奇教授介绍的"成功HR的六项胜任力"更新了大家对于HR胜任力的认识。第二次是2013年12月12日在上海中欧国际工商管理学院,他讲授的"转型时期的领导力挑战和人才战略",介绍的"领导力密码:卓越领导者NDA"和"最新人才公式(人才=胜任力×承诺度×贡献度)",引起了大家的高度共鸣。

在此,我谈三点个人体会,与大家共勉。

一是这三本书都是基于尤里奇教授30多年的HR胜任力实证研究,方法科学、逻辑严密、样本广泛,结论具有极强的信服力。这项始于1987年的7轮全球最大规模的人力资源专业人士和部门的全面测评,运用"360度反馈方法"来克服HR自身评判的偏见,仅第7轮的研究,就有将近4000名人力资源专业人士提供了关于个人能力的自陈资料,大约有28 000名人力资源领域的内外人员提供了360度反馈的信息,这些问卷结果十分有助于识别个体的HR胜任力如何为不同的利益相关者创造价值。研究发现:组织的影响力是个人的3~4倍(即整体大于局部),这个发现直接引出了本书的书名。

二是尤里奇教授作为人力资源大师对HR胜任力和HR体系的阐述大道至简、深入浅出、逻辑清晰、全面系统,不仅能让HR专业人士,而且能让一般员工也看明白。例如,在研究中,很多当时的新话题现在已经成为人力资源的基础部分(比如业务伙伴、战略人力资源、人力资源战略、人力资源转化和人力资源附加值）；在人力资源胜任力的9个领域（或因素），他又将这9个领域归纳到3个大类中：核心胜任力、战略推动力和战术支持要素。这些分析和梳理，思路清晰、图示明确，非常便于理解、记忆和应用。

三是科学地澄清了组织能力的概念，以及HR在组织能力建设中的胜任力和关键角色。尤里奇认为，"在达成战略目标为利益相关者创造价值的过程中，组织所擅长的方方面面可以称为能力，它包括组织如何通过整合了的基础流程、结构、激励机制、技能、培训和信息流来组合员工的集体智慧和行动""人力资源至关重要，是因为它不仅仅关乎人力资源，而且关乎业务。进一步说，业务并不是我们今天做什么，而是我们如何准备明天。为明天做准备需要理解环境、流程、利益相关者以及个人影响。通过管理这些力量，组织才能更有竞争力，而有竞争力的组织是人力资源工作的结果"。人力资源部的使命应该是创造人才、领导力和组织能力，以提升业务业绩表现；当人力资源部能够像一个整体组织运作时，它能对业务结果产生大约4倍于人力资源专业人员个人的影响力。

阅读尤里奇教授的书籍和听他的讲座，都有一种热情温暖、大道至简、醍醐灌顶、知行合一的感受。他不仅仅是一位研究高深学术的处在象牙塔中的教授，更是长年不遗余力地在全球企业一线推动HR转型实践的大师，是全球HR的精神领袖和思想导师。

战略可以"借脑"，组织能力却必须"内生"。一个卓越的企业是一支大军、一所大学、一个大家庭在做一件"大事"！"十年树木，百年树人"，建设组织能力就像建"长城"，需要有大局观和长远的眼光，要有决心、慧心、恒心、信心，如此才能打造出持续绽放的有生命力的美好组织！

徐中

清华大学管理学博士，

领导力学者，领越®领导力高级认证导师

人力资源胜任力研究是许多人力资源专业人士经过无数个小时工作的成果。我们要将此书献给使这项研究得以实现的赞助者和合作伙伴。特别感谢密歇根大学的斯蒂芬·罗斯高管教育项目，以及 RBL 集团给予的财务支持和行政协助工作。

我们还要感谢 22 家地区合作伙伴，它们为此轮研究贡献了自己的智慧，承担了组织工作。我们在此对以下伙伴深表谢意。

合作伙伴	网址
Arabian Society for Human Resource Management	www.ashrm.com
Asia Pacific Federation of Human Resource Management (APFHRM)	www.apfhrm.com
Australian Human Resources Institute (AHRI)	www.ahri.com.au
Bangladesh Society for Human Resources Management (BSHRM)	bshrmbd.com
Business Results Group (South Africa and African continent)	www.brg.co.za
Chartered Institute of Personnel Management of Nigeria	www.cipmnigeria.org
China Europe International Business School (CEIBS)	www.ceibs.edu
Conference Board of Canada (CBoC)	www.conferenceboard.ca
European Association for People Management (EAPM)	www.eapm.org
Hong Kong Institute of Human Resource Management (HKIHRM)	www.hkihrm.org
HR Norge (Norway and Scandanavia)	hrnorge.no
Human Resource Certification Institute (HRCI) (Primarily US and world wide HR certificants)	www.hrci.org
Human Capital Leadership Institute (HCLI) (Primarily Asia)	www.hcli.org
IAE Business School (Argentina and all of Latin American)	www.iae.edu.ar
IPADE Business School (Mexico)	www.ipade.mx
ISE Business School (Brazil)	www.ise.org.br
Israeli Society for Human Resource Management (ISHRM)	www.ishrm.org.il
Japanese Management Association (JMA)	www.jma.or.jp
Lagos Business School (Nigeria)	www.lbs.edu.ng
National HRD Network (NHRDN) (India)	www.nationalhrd.org
Pro HR Talent Solutions (China)	www.prohr-intl.com
Solid Consulting Partners (Turkey)	www.solidtr.com

前言 | Victory Through Organization

我们是人力资源行业的观察者、倡导者、挑战者、研究者和鼓动者。在过去的30多年中，韦恩·布鲁克班克和戴维·尤里奇一直在密歇根大学罗斯商学院以及他们的私人咨询机构从事人力资源行业的研究、写作与培训工作。大卫·克雷先斯基和麦克·尤里奇已经取得了组织和人力资源学的博士学位，为人力资源的研究贡献了严谨的理论成果。

作为资深及新晋的人力资源倡导者，我们想要分享对现今人力资源行业的一些设想。以下六个设想构成了本书的基础和主要内容。

（1）**人力资源至关重要**。根据个人经验和实证数据，我们坚信人力资源对于业务至关重要。韦恩曾和许多世界领先的公司有着深度的咨询合作，结果表明，当今的人力资源工作影响着企业战略，帮助企业达成目标。他关于信息和文化的研究发现了人力资源能够真正创造价值的一些新方式。戴维关于领导力资本的研究表明，领导力质量影响股东回报，人力资源从业者从中得到了可以用市场价值衡量他们工作的启示。大卫·克雷先斯基和戴维的研究显示了人力资源在公司业绩表现上的经过验证了的影响力。

（2）**人力资源研究是必不可少的**。我们坚信经过实证的非量化的信息。我们看到很多推动人力资源做更多数据分析的努力，这是一个好现象，只要这些分析能够提升业务表现。很多时候人力资源的数据分析只关乎人力资源自身，而与业务无关。在人力资源决策如何影响业务结果方面，大卫·克雷先斯基和麦克的研究有超凡的严谨度，并提供了有效的信息。人力资源、战略和组织方面的文献也有很多关于人力资源、人力资本及战略人力资源的研究。当这些研究与人力资源的现象结合起来时，就格外有用，能带来严谨的发现。大卫·克雷先斯基和戴维发表的关于人力资源时效性及严谨性研究的论文赢得了2016年《管理展望》学术杂志的最佳论文奖。

（3）**人力资源专业人士在变化中**。我们培训过成千上万位人力资源专业人士，在此过程中我们意识到人力资源部、人力资源专业人士及其工作方法都有了质的提高，但比我们希望的慢。人力资源从业者20-60-20的业绩分布依然存在。20%的人非常出色，能够创造真正的价值。我们要做的是不要妨碍他们，向他们学习；另外20%的人是滞后者，不能或不愿在人力资源领域帮助实现业务结果，我们不能让他们阻碍我们；60%的人是愿意学习的，并朝着成为更有影响力的专业人士的方向前进。我们也愿意和这些有目标且愿意学习并改进的人一起努力。

（4）**人力资源部和工作正变得日益重要**。很多年来我们都在研究人力资源部和工作方法的转型。我们曾经倡导人力资源的组织架构要和业务的组织架构相匹配，人力资源的工作要为业务问题提供整合的解决方案。人力资源部加上有胜任力的人力资源专业人士就能组成更强大的人力资源职能部门。我们还认为，组织能力（文化）比个人能力更加重要。

（5）**人力资源同行都非常有才华**。我们曾有幸和世界上超过80个国家的杰出人力资源工作者共事。他们中有些来自曾与我们在人力资源胜任力研究中合作过的22家伙伴协会，还有些同行是新思潮的引领者，他们的想法常常给我们带来灵感。他们的工作已成为我们的一部分，我们希望能在此向他们表达谢意，我们的研究离不开他们的见地和思想。

（6）**人力资源是一门充满活力、积极创新的学科**。在人力资源行业中不断涌现的新思潮总让我们惊叹。在30多年的人力资源胜任力研究中，很多当时的新话题现在已经成为人力资源的基础内容（比如业务伙伴、战略人力资源、人力资源战略、人力资源转型和人力资源附加值）。我们仍然在为人力资源下一步将如何产生价值而感到兴奋不已。我们曾有幸参与了人力资源认证协会（HRCI's）的《人力资源崛起》一书的编写，在此书中，思想领袖提出并预测了一些新兴的议题。我们希望能够继续对未来趋势保持前瞻性，拓展这个行业的疆界，我们经常称这种以未来为导向的预测行为为"栽种幼苗"。

怀揣这六种设想，我们就摸着石头过河了。我们的一些工作植根于有深度的咨询活动，比如当我们受邀从人力资源的角度解决悬而未决的业务问题时；另外的一些发现则来自聆听善于思考的人力资源领导者关于如何扩大自身影响力的讨论；还有一些是在向小型或大型团队做演示时，通过苦苦的思索冒出来的新火花。我们试图把这些个人的经验和严谨的研究相结合，在过去30年中，我们做了七轮人力资源胜任力研究。这些研究探索了人力资源专业人士驱动个人和组织绩效所需的各项胜任力。进行实证研究意味着要问对问题，取得大量的回复和样本，从而分析数据来辨别趋势。

在第七轮研究中，我们希望提出一些能涵盖人力资源专业人士胜任力和有效人力资源部活动两方面的创新性问题。我们现在的研究相比于过去的几轮更进了一步，审视了人力资源个人胜任力和人力资源部作为一个整体活动的比较结果。换句话说，我们探讨了个人以及人力资源部作为一个单元分别是如何为业绩做贡献的。

我们发现，组织的影响力是个人的三四倍（整体大于局部）。这个发现直接引出了此书的书名"赢在组织"，副标题是"从人才争夺到组织发展"，表达了我们认为"人才战"这个热门话题可能是被过分渲染了的观点，在现今的商业环境中这会把人力资源从业者引入歧途。拥有好的人才当然很重要，但如果人力资源部没有适当的组织架构和这些人才一起做点什么，那么也会错失良机。

通过分析数据，我们找到了可以问或应该问的问题。在22个地区合作伙伴的帮助下，我们有了一个很棒的数据库，它是人力资源领域里最好的数据库之一。我们的分析带来新发现，这些发现将继续重塑人力资源这个行业。

我们对这项研究中的众多赞助者和支持者深表感谢。在过去30年中，罗斯商学院高管教育（特别是Melanie Barnett）和RBL集团（特别是Norm Smallwood）一直在财力上支持我们的研究。其中的主要研究者没有一个人拿过一分钱工资或分红，却为这个行业的完善奉献了数千小时的工作。在这轮研究中，我们要特别感谢：

- Jacqueline Vinci——项目管理；
- Dave Gutzman——CustomInsight公司。

我们希望你能强烈地体会到在本书中我们的首要使命感，即进一步确立人力资源作为重要业务战略伙伴的地位，全面实现人力资源创造更伟大组织的角色，这样的组织比所有"员工"的总和更强大，业绩更卓越。

目录 | Victory Through Organization

推荐语

推荐序一（杨国安）

推荐序二（徐中）

前言

第一部分　人力资源至关重要

第1章　为什么要谈人力资源，为什么现在谈 / 2

第2章　人力资源有效性的实证基础 / 15

第二部分　组织

第3章　为什么组织至关重要：组织超越个体人才的价值所在 / 44

第4章　人力资源部的首要任务：信息管理和工作整合 / 63

第5章　重要的人力资源工作：员工业绩和人力资源分析 / 84

第三部分　个人

第 6 章　值得信赖的行动派：应邀参与业务讨论 / 106

第 7 章　战略定位者：不仅仅是了解业务 / 124

第 8 章　成为矛盾疏导者：有力影响业务绩效 / 147

第 9 章　战略推动力：提供战略价值的人力资源胜任力 / 166

第 10 章　基础推动力：帮助提供基础价值的胜任力 / 189

第四部分　接下来会如何

第 11 章　现在该怎么办 / 214

参考文献 / 228

1

VICTORY THROUGH ORGANIZATION

第一部分

人力资源至关重要

第 1 章

为什么要谈人力资源，为什么现在谈

人力资源不仅仅是关于人的，它始于业务，终于业务，每一项业务经营都是其商业环境的产物。当内部战略能够预测或回应外在的环境时，业务便成功了。

在探寻人力资源在公司的战略和成功中扮演的角色，以及它应该承担的角色的过程中，我们亲自参与了大量不同层面的具体业务挑战，这些挑战（及成功案例）非常有助于我们专注并实施研究。

业务挑战和成功模式

我们参与研究和调查的业务挑战包括（但不限于）以下案例。

- 一家电子产品公司的领导者展望未来，看到了老龄化人口群体对健康护理需求日益增长的趋势，他们决定将业务由消费者产品转向健康护理服务领域。
- 一家行业领先的零售公司的领导者认识到技术改变了消费者购物的时间和方式——网上购物将成为实体店的补充。当他们进军互联网领域时，又意识到企业需要管理两种组织模式：一种是传统模式下的实体店销售模式，另一种是互联网分销模式。

- 一家消费品公司和竞争对手相比有着很好的财务回报。它的成本较低,由创新带来的收益较高,但它的股价迟迟不涨。它们很想了解如何提升投资者对它们未来盈利能力的信心,并获取全面的市场价值。
- 一家大型综合公司的创始人取得了非凡的成功,该公司成为该地区最大的企业之一。他的管理团队的平均年龄是 60 多岁,他意识到应该培养下一代领导者了,以便在他日后离开时有人接班。
- 一家亚洲企业在本地市场取得了巨大的成功,并成功拓展到了整个国家,现在,它有意进军国际市场并成为该行业的全球领导者。企业计划在近几年拓展到美洲、欧洲和非洲,它的领导者不确定这种拓展是应该通过并购实现还是依靠自身发展实现。
- 一家零售商店的规模在地域发展方面已经大到能覆盖所服务区域 80% 的人口了,接下来它需要提高每平方米的销售额,而不仅仅是为商店增加占地面积。
- 一只私募基金发展成了一家私有的基金管理公司。作为一只基金,它购买、整合并出售业务,但现在它需要较长时间地持有这些业务,并在变现之前将它们改头换面。
- 一家消费品公司有很成功的产品,但很多产品已接近其生命周期的尾声,公司在跟进再投资现有产品方面以及开发新产品上都做得不尽如人意。公司现在很担心能否把握住未来的机会。一些更小、更灵活的竞争对手已经开始蚕食其市场了。

这些业务案例对人力资源意味着什么

当企业领导者被问起面对外部挑战,最棘手的问题是什么时,他们常常提到有原则地执行、部署人才、卓有成效的领导力、变革管理,对信息的使用和文化转型,这些问题都和人力资源相关,它们也是企业领导者在应对不断变化的业务挑战中最艰难的层面。

在上面提到的每个业务情形中,"解决方案"都涉及人才、组织发展能力和领导力。最重要的是,它们都是成功的人力资源工作的结果。企业领导者不断地意识到,归根结底他们的成就很多源于在人力资源工作上做出睿智且方向正确的努力。

关于人力资源在业务成功中的作用可以在很多方面找到大量的论证。在长期的研究工作中,我们发现:

- 原《财富》500强公司中,只有61%仍然作为独立公司存在着。
- 相对于首席营销官(CMO)、首席信息官(CIO)甚至首席财务官(CFO),成功的首席执行官(CEO)的能力组合与成功的首席人才官(CHRO)类似。
- 董事会有30%～40%的时间花在了组织和人员层面的问题上。
- 投资者愈发意识到领导力资本是其投资决策中的一部分。

总而言之,现在企业领导者关注人力资源,是因为人力资源问题就是业务问题。

卓越表现的一部分

因为现在人力资源与业务成败紧密相关,人力资源从业者正经历着巨大的转型。当人力资源领导者被问起如何定义他们的"客户"时,他们越来越多地提到他们企业的客户,而不仅仅是企业内部的员工。人力资源的工作重点更多的是协同"由外而里"的目标,其招聘、培训、绩效管理和企业文化都是以为"真正的"客户创造价值为目的的。

雇员"品牌"与企业品牌日益相关,雇员专注于实现面向"外部"客户的品牌承诺。市场价值中无形资产和领导力的部分与财务结果同等重要。事实上,无形资产和卓越的领导力是财务结果的主要驱动指标。无形资产是因，财务结果是果。人力资源专家不但被邀请来一起探讨战略，还被期待着为这种探讨提升价值，从而成为无形资产和卓越领导力的一部分。

组织层面的工作重点

人力资源的工作领域得到前所未有的拓展。几十年来，人力资源被认为是做人才和所有关于人的管理工作的，包括为企业纳贤并部署他们、管理他们的福利和其他"保健"问题，以及得体地将他们移出企业（Ulrich & Allen，2014）。最近几年里，人力资源将更多的重点从单一的管理人员以及个体的思维、行为和表现转向了组织层面。

组织层面的工作重点都有哪些？它关注**工作环境**，也关注人员架构；关注**工作流程**，也关注人；关注**组织发展**的潜能，也关注个人能力的提升。组织文化（是描述组织的一个方面）是好的人力资源工作外加个人素质的良性结果。这意味着要应对前文所描述的业务挑战，需要合适的人（员工、个人技能和人员配备）以及合适的组织能力（文化、任务及流程）。归根结底，要解决业务问题，人力资源需要做个人能力的工作，也需要做组织发展的工作。

进化发展新的能力

为了应对这些对于人力资源的期待和机会，人力资源从业者必须发展新的能力，人力资源部必须专注在正确的行动上。**本书为人力资源从业者提供把握机遇的工具，并为如何建立能够带来真正价值的有效的人力资源部提供指引。**本书中的论点是基于对人力资源30年共七轮的研究，更多的是基于最近一轮（2016年）面对全球超过3万份人力资源业内外人士的问卷调研。基于此研究，我们还提供了一系列能帮助人力资源实现价值的见解、模板框架、工具、行动方案和案例。

据统计，这本书正在被与人力资源相关的人员使用，全球超过200万名人力资源从业者将从中了解如何使工作更加有效,如何服务主要利益相关者和创造业务价值的技能。那些肩负着建立有附加值的人力资源部职责的人力资源高管,将从中找到建立有效部门的真知灼见。想通过人力资源层面应对业务挑战的企业领导者将学到如何做出更加明智的有针对性的人力资源投资。

四种力量重塑人力资源对企业成功的影响

我们看到有四种力量使现在的人力资源对业务成功的影响比以往更重要:商业环境、变革速度加快、利益相关者的期望和个人环境(见图1-1)。认识和顺应这四大力量会帮助人力资源专业人士和企业领导者充分了解自己对人力资源不断增加的期望。在本书中,我们都会提到这四种力量。

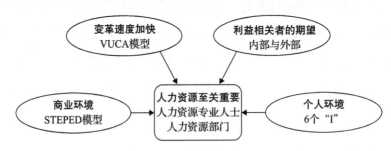

图 1-1　凸显人力资源重要性的四大力量

力量 1　商业环境:STEPED 模型与变革的内容

有一位企业领导者,他的公司在 80 多个国家有业务,他问我们如何才能弄明白他去的国家正在发生的变化以及他如何应对这些变化;还有一个同事问我们如何整合这个复杂的世界,找到一个相对简单的模型可以帮助她预见行业的变化。⊖虽然有许多模型能够捕捉到商业背景下的相关趋

⊖ 用一个简单的模型理解商业环境并不是我们独创的。其他模型如 PEST 模型以及 PESTEL 模型都用略有不同的方式讲述了相同的概念。用 STEPED 模型是因为我们认为这个模型在概念上更适合描述人力资源经常面临的挑战。

势，但我们更倾向于使用六种类别来表示这个模型（STEPED），领导者可以用它来了解大环境的变化如何影响业务的运作。

- S——社会的（期望、价值、生活方式）
- T——技术的（信息的获取与频率）
- E——环境的（公共政策、社会责任、关爱地球）
- P——政治的（法规的变化）
- E——经济的（产业的演变、产业的整合）
- D——人口学的（年龄、教育和人的家庭背景）

领导者可以使用这个模型更好地诊断地域或行业趋势。根据这六个方面的趋势，人力资源专业人士需要做更多的工作，帮助企业获得成功。当我们的同事到一个国家出差时，他会通过了解这六个方面的趋势来了解公司制定战略的背景。STEPED 模型也可以用来了解行业发展趋势。例如，一家饮料公司的人力资源主管主持了一个关于环境如何塑造未来业务的小组讨论，如表 1-1 所示。

表 1-1 外部趋势、战略机会与威胁以及对人力资源的含义

趋势	战略机会	战略威胁	对人力资源的含义
社会的	新兴经济体对西方产品的渴望	健康饮食风潮使购买碳酸饮料的消费者在美国以及西欧减少了 25%	新兴市场的人才来源考虑相邻业务人才
技术的	移动计算技术提供了新的市场机会	日益增加的来自黑客以及其他企业的盗版威胁	构建信息保密文化以及与信息人才保持接触
经济的	新兴经济体中的新中产阶级	经济衰退影响了销售	制订应变计划，以适应不断变化的市场环境 快速反应
政治的	新兴经济体对贸易和投资日益开放	更大幅度地消除不健康饮品所带来的压力，例如纽约市最近对含糖饮料的征税	准备组织创新战略以寻找新的商业机会
环境的	通过缩小包装来降低包装/垃圾的成本	应对不环保包装问题，例如减少塑料、金属罐的使用	确保企业社会责任植入企业文化和关键决策中
人口学的	拉丁美洲、印度、中国以及东南亚快速增长的市场	多数成熟市场的人口老龄化使得目标顾客减少	制定一个如何在新兴地区开展业务的国别战略

这六个方面的趋势增加了与人力资源的关联性，应对这些要素要求对组织中的人力资源问题有高度的敏感性，表 1-1 中最后一列是人力资源的侧重点。

力量 2　变革速度加快：易变、不确定、复杂、模糊

除了这些与商业环境有关的方面外，由于现在业务变化的速度急剧加快，人力资源在企业中的重要性也在增加。在模型方面，我们参考了"冷战"时期的 VUCA 模型。当时的美国军方领导人认识到，军事活动的变化是非常显著的，他们用 VUCA 诠释了这些变化。

- V（易变）：变革的性质与活力，变革驱动力与催化力的性质和速度。
- U（不确定）：缺乏可预测性，缺乏对意外的预估以及对问题与事件的觉察与理解。
- C（复杂）：围绕组织的多种力量、多种问题，以及没有因果关联的混乱。
- A（模糊）：现实的不清晰，可能的误读，条件的含义混乱、因果错乱。

这四个元素要求组织反应更加敏捷（例如，在军事上，这一评估导致了对在军事任务中可以快速行动的特种部队的重视）。人力资源专业人员可以通过引导围绕这些外部趋势的结构化对话，帮助业务团队缓解外部变化带来的压力和如何应对外部的变化。表 1-2 是 VUCA 模型运用到前面描述过的饮料公司的例子。

研究发现，在变更步伐加快的条件下，在人力资源方面的投资对于业务的成功更重要了。VUCA 模型的挑战带来了对人力资源问题更多的关注，这些关注比我们所研究的其他领域都要多。如果你能教会你的组织有效地应对 VUCA 模型，你就已经很了不起了。

表 1-2　外部过程趋势：创造应对 VUCA 模型的组织

趋势 / 定义	组织的反应	饮料公司案例	对人力资源实践与文化的含义
易变（变化的节奏）	应对……	• 我们必须创建一个新产品的创新周期（产品的半衰期会缩短） • 我们必须对市场机会做出更加快速的反应	下列含义适用于 VUCA 模型的所有四个元素： • 在整个组织中创造更多的灵活性 • 在变革管理中引入规则与精确性 • 将集中管理的运营权力下放 • 教给员工如何思考和行动，而不是思考和行动的内容 • 授权员工实践想法和创新 • 多关注规划过程，少关注计划内容
不确定（不能预测未来）	管理……	• 我们不知道未来哪个产品会成功，也不能确切地知道谁会是我们的竞争对手，会在哪些国家竞争	
复杂（如同国际象棋五个段位的设置）	简化……	• 我们必须管理日趋复杂的全球供应，以便流程商业化 • 我们必须建立一个由业务、区域与职能组成的矩阵式组织	
模糊（不清楚未来的危机来自哪儿）	解决……	• 我们不知道技术与信息将怎样影响消费者的选择 • 我们不清楚将来的竞争对手会是谁	

力量 3　利益相关者的期望

环境（STEPED）界定了商业环境中的机会和挑战，过程（VUCA）界定了变革的强度和速度，了解利益相关者的期望界定了人力资源职能必须满足谁的利益以帮助公司成功。

因为环境和强度的变化，利益相关者的期待也有了很大的变化，这又一次加强了这种变化和人力资源之间的联系。图 1-2 列举了公司内的众多利益相关者，以及他们在与公司之间的互动中可能会产生的期待。他们的期待就是有效人力资源工作考核的标准。人力资源的利益相关者在越来越多的情况下是公司之外的（图 1-2 中粗实线以上的部分）：客户、投资者 / 所有者、社区 / 政策制定者以及合作伙伴 / 同盟。人力资源部日益被要求在客户份额、投资者的无形资产、社区名誉和合作者关系上提供帮助。随着外部利益相关者期待的增强，人力资源部对达成以上目标起着重要的作用。另外，更多传统的人力资源人员专注于对内部利益相关者，包括员工和经理的卓越服务上,他们帮助员工更有效率地工作,帮助领导者更加有远见。

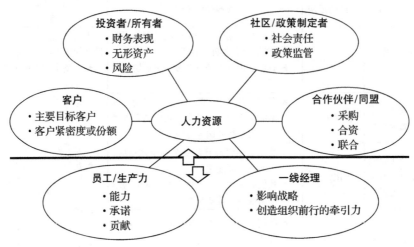

图1-2 人力资源的关键利益相关者以及他们的需要和期待

力量4 职场现在的个人环境

STEPED模型界定了职场的大格局,VUCA模型界定了职场进行的步调,利益相关者界定了我们为谁创造价值,但所有这些外在的变化也影响了职场中人们回应的方式。他们对职场的回应方式改变了——发生相应变化的还有在职场中的行为,这些行为被六大社会变化(6个"I")影响,极大程度地重塑了人们在生活和工作中的情感层面。

以下是6个"I"的表述。

1. Intensity(激进度):人们经常活在真人秀电视节目的思维模式中,在这些电视节目里,激进和羞辱取代了深思与斯文,感情上的冲动爆发比理性对话更加重要,每个人都想"赢",而且通常是以比较偏激的方式(比如像《生存者》《学徒》《美国偶像》这样的电视节目渲染的那样)。电视剪辑和互联网新闻放大了不体面的道德堕落的言论。现如今,限制140个字的推特因为一两句俏皮话或辱骂性语句就能被四处转发。虽然大多数人的实际生活没有像在社交媒体上表现得那么跌宕起伏，但人们已经习惯了情感上的大起大落并日渐期待这种表达。

2. Individuation（个人化）：人们生活在高度自由的环境中，每个人都可以通过掌控自己的职业生涯，最大化自身利益，以及逃避对社区或组织的长期承诺来达到赢的目的。工作流动性成了理所当然的事，正如硅谷的一名高管所说："我的员工去吃了顿中午饭，回来就拿到了一个新工作的录用书。"相对来说，几乎已经没有人会期待长久地待在一家公司或团队了。每个人都被鼓励要活得真实，掌管自己的生活，塑造自己的品牌。

3. Isolation（孤立感）：人们越来越多地活在自己的世界里，与外人沟通得越来越少。在家办公（SOHO）的模式已经成为组织设置的常态。学生被鼓励在网上学习来获得学位，而不需要去上课，甚至不需要体验真实的大学环境。数字公民们在屏幕（电视、电话、电脑）前每天要待 7.5 小时以上。这些人痴迷于上网的过程和网上的内容。即使有了个人接触，这些接触也主要发生在推特、脸书和领英上，它们更多是关于具体事件而不是社会联结。人们之间有联系，但没有交流。日益弥漫的迷失感和孤立感也就没什么好奇怪的了。社会孤立的后果很不好，它比吸烟、喝酒、肥胖、抑郁以及焦虑还要影响人的寿命。

4. Indifference（冷漠感）：这个世界的下一代已经开始学习调整期望值了。过去，人们养育孩子的首要目标是让孩子有比父母活得更好的机会，一代要比一代强。然而，今非昔比。成年人可以得到教育，但不一定能找到工作，更别说职业了。越来越多的投票人对政客能否考虑到投票人的利益持怀疑态度。大家都很忙，但不知道自己是否实现了价值。

5. Immediacy（即时性）：人们对时间及时间长度的感觉也变了。很多人不想做长期的工作，只想立刻得到满足，说到长期就觉得是下个星期的事。当我们总是想要新款的手表、手机、电脑和衣服时，或者当我们看到政治上短期的考虑和交易优先于长期的基于价值观的决策时，即时性就发生了。关系是可以抛弃的，人们不想结婚，只是在关系中进进出出。

6. In-group（小圈子（label，贴标签））：这个世界有了越来越多的分组。贫与富、有与没有之间的差距越来越大。从统计数字上看，你就能很快地找到人们区分不同类别的模式。对电脑中小型文字档案（Cookies）信息的处理可以强化这些标签，使其成为定向促销、定制产品及服务和特别供给的重点。云数据被设计成可以创造定制的工具。更多人的选择和思维模式类似以及更愿意与同一社会阶层的人为邻。当社区只有单一的政治关注点时，极端主义就会日渐风靡，政治分化也就形成了。

这六个社会变化趋势颇让人沮丧，它们定义了个体的生活方式，并有可能会动摇和破坏组织的稳定。公司里若充斥着这些被变化趋势打压了的有斗志的员工，便会出现没有能力应对STEPED模型或VUCA模型的局面，也没有能力去服务利益相关者。所以，员工敬业度的调查数据很多时候在低位徘徊也就不奇怪了。人力资源专业人士的挑战是将这些看上去负面的趋势转变成积极的机会，从而使他们的组织活动凝聚集体的力量，达成以下目标。

- 员工将激进转化为为他人创造价值的能量。
- 个人利益被共享的目标取代。
- 孤立感变成人际联结。
- 冷漠感转化成新生的热情。
- 对当下结果即时满足的需要变为实现长期愿景和战略的途径。
- 贴标签被珍惜差异取代，团队的力量大于个人。

当这六个趋势变得正向时，人力资源专业人士就能帮助员工用承诺取代玩世不恭，用团队取代孤立感。他们要了解这些变化趋势及其影响，并时刻准备着应对它们产生的后果。关于自由资本主义和受人欢迎的公司的相关论著显示，有目标和社会责任的公司的员工生产效率更高。

所以再说一遍，为什么要谈人力资源，为什么现在谈（为什么赢在组织与你有关）

业务被相关的外界环境影响（STEPED 模型），它们需要应对变化的速度（VUCA），而且它们都有一些外部和内部的利益相关者，组织通常在员工有正向影响力的时候更成功。这四种力量中的每一种都需要人力资源专业人士的新思维和新行动，从而创造出能够蓬勃成长的组织机构。显然，应对这四种力量不是人力资源专业人士单打独斗的事，而是需要和业务领导者以及其他专业人员的合作。

人力资源至关重要，是因为它不仅关于人力资源，而且关于业务。进一步说，业务并不是我们今天做什么，而是我们如何为明天做准备。为明天做准备需要理解商业环境、快速的变革、利益相关者以及个人环境。通过管理这些力量，组织才能更有竞争力，而有竞争力的组织是人力资源工作的结果。

本书所述将有助于重塑人力资源这个行业。在第一部分（人力资源至关重要）中，我们列举了使人力资源与业务有更多相关性的社会因素（第 1 章），阐述了能帮助人力资源部和专业人士创造更多价值的研究要点（第 2 章）。

在第二部分（组织）中，我们讨论了组织对业务成功的重要性（第 3 章），并介绍了最重要的人力资源工作项目。第 4 章讨论了组织如何在整个信息流程中更好地利用人力资源的优势，以及如何更强有力地整合人力资源各项任务。第 5 章讨论了面向员工层的人力资源工作的要点，以及如何运用人力资源数据为人力资源工作服务。

在第三部分（个人）中，我们深度探讨了能够提升人力资源专业人士个人效率的胜任力，即值得信赖的行动派（第 6 章）、为关键利益相关者带来价值的胜任力，即战略定位者（第 7 章），还有能够影响业务结果的胜任力，即矛盾疏导者（第 8 章）。我们还重点强调了作为战略人力资源驱动力的文化和变革倡导者、人力资本管理者和全面薪酬总管（第 9 章），以及属于核心推动力的合规管控者、技术和媒体整合者以及数据设计和解读者（第 10 章）。

最后，在第四部分中，我们列举总结了这些讨论对业务领导者、高级人力资源经理人和人力资源专业人士的意义（第 11 章）。

总而言之，我们进行相关研究并撰写此书的最终目的是希望人力资源部少一些人力资源，多一些业务。

第 2 章

人力资源有效性的实证基础

如果对人力资源的期待和给人力资源部的机会都增加了（如第 1 章所述），那么人力资源该如何回应呢？很多善于思考的人力资源领导者阐述了"人力资源如何才能更有效"的个人观点。发表意见或讲讲故事是不难的。我们在 30 年前就意识到，这些有想法的个人事例需要更加严谨、全面的组织层面的研究去论证，才能提供为使人力资源更高效而需要做什么、知道什么和如何做的有力观点。

为了将故事转化成可持续的思想体系，我们收集了大量的数据资料并做了实证分析。在这里要提醒一下读者，本章包含很多技术性内容，阐述了大量的概念及其严密的分析。如果你想深入理解我们论点背后的实证来源，那么本章可以提供很多信息。如果你对大量的实证分析没有兴趣，可以选择略过本章，直接从第 3 章开始。我们特地选择详细介绍研究的方法、资料及结果，是为了让你评估我们研究工作的质量以及从中得出的结论的可信度。我们觉得这些严谨的实证研究工作将我们与很多人力资源胜任力模型研究区别开来，我们想让你看到这些区别。

30 年来，我们一直在研究人力资源专业人士的胜任力模型，试图找到哪些胜任力是他们必备的或可以带来价值的。我们也曾切身参与了人力资源部和工作方法的变革,而且相信,虽然案例学习和个人经验能诞生伟大的想法,但要推动这个行业前行却需要大量全面的研究。本章分五个部分阐明了以下内容:①总结过去的工作要点;②总结人力资源胜任力模型及相关机构工作的最新发展;③回顾目前第七轮(2016年)人力资源胜任力研究(HRCS)中的各种设计方法;④分享样本的特性及行业现状;⑤简要回顾此轮研究的发现,内容集中在人力资源个人胜任力和运作良好的人力资源部对不同业务结果的影响。

以下是这五部分的概述。

第一部分:总结过去的工作要点

我们在30多年的人力资源胜任力研究中曾定义了许多核心理念和概念,重塑了人力资源这个行业。我们当然不是促使人力资源演变的唯一力量,但确实是以下核心概念,影响了这个行业的很多观念。

- **人力资源作为业务伙伴**:人力资源专业人士应该成为业务经理的业务合作伙伴。
- **人力资源附加值**:人力资源的存在是为了给利益相关者创造价值。
- **战略人力资源**:从商业环境到战略,再到组织,最后到人力资源的工作重点,这个过程是有逻辑联系和顺序的。
- **人力资源战略**:人力资源部的使命应该是创造人才、领导力和组织能力,以提升业务业绩表现。
- **人力资源组织结构**:人力资源部的组织结构应该配合业务组织,在很多情况下(不是所有的)这种结构遵循人力资源的"三大支柱"模式(共享服务、专家中心和业务伙伴)。
- **人力资源变革**:人力资源变革有四个阶段,分别是为什么要改变,改变的结果是什么,如何改变人力资源工作以及谁参与其中。

- **人力资源的产出**：人力资源应该更多地关注由人才、领导力和组织发展所产生的结果，或者由招聘、培训或薪酬等活动带来的结果，而不是行政工作。人力资源活动的结果是人力资源部的目标，也是组织要赢得市场以及为投资者创造无形价值所需的能力。
- **组织能力**：一个组织可以由其能力界定，其中包括信息、文化变革、速度或灵活性、协同性、创新、客户服务、效率。
- **由外而内的人力资源**：人力资源为外部客户、投资者和社区带来价值。

研究中的大量工作伴随着改善人力资源从业者的胜任力，以及建设能够专注于正确工作的人力资源部的过程。

第二部分：人力资源胜任力模型的最新发展

近些年，许多人力资源的同行、组织和业界领导者致力于建立人力资源胜任力模型。在表 2-1 中我们将这些工作归纳为六个领域。如果想要对每一项胜任力模型做具体的了解，读者可以直接联系相关的人力资源机构。这项庞大的工作表明了第 1 章中所述的四大力量与日益重要的人力资源的相关性。这些工作成果被用来认证、招聘、培训和奖励人力资源专业人士。七轮人力资源胜任力研究中的设想和方法是我们对这个领域的独特贡献。

第三部分：第七轮（2016 年）人力资源胜任力研究的设计方法

在 2016 年进行第七轮人力资源胜任力研究工作时，我们的研究方法包括以下七个主要设计选项，用以定义使人力资源专业人士以及部门工作更有效的胜任力。

表 2-1 按六个人力资源领域归纳总结的人力资源胜任力

人力资源研究机构	业务	个人	人力资源核心领域		变革	组织和文化
			人力资源工具、工作方法及流程	人力资源信息体系及分析		
美国人力资源管理协会 (SHRM)	业务敏锐度	道德操守 领导力和方向	人力资源专家	沟通 关键性评估	关系管理 咨询	全球化和文化有效性
英国特许人事发展协会 (CIPD)		有操守的值得信赖的行动派	招聘和人才计划 学习和人才发展 绩效和奖励 员工敬业度 员工关系	服务的实施	信息	组织设计 组织发展
澳大利亚人力资源协会 (AHRI, 卓越模式)	业务导向 战略构想 未来导向	思辨、思考者 勇气 善解人意	人员规划 专家 解决方案导向		变革领导者 影响 协同合作 解决纷争	组织能力 文化领导者
人力资源发展署 (NHRD, 人力资源指南)	战略思维和协同 业务知识 财务思维	个人可信度 服务导向	部门 招聘 绩效管理 人才管理 薪酬福利 人力资源和劳动法		卓越执行 变革导向 关系管理	管理文化和设计
墨西哥人力资源协会 (AMEDIRH)		自我认知 整合能力 制定能力 辅导			协同合作 知识管理	创新性的文化
波士顿咨询集团	人力资源业务伙伴		管理人才 提升领导力 招聘 人力资源流程			组织重组
德勤	商业认知 业务敏锐度	可信赖的顾问	人力资源专家 员工关系		影响力	

（1）协同合作。我们一直保持着和世界领先的人力资源专业机构的合作。密歇根大学罗斯商学院和RBL（我们自己的咨询公司）一直是这30年研究工作的赞助者。在第七轮研究中，我们与世界各地的22家人力资源专业机构合作（见图2-1），每一家都在各自的所在地进行了专题小组讨论，以解答以下三个问题。

a）目前你所在的行业和组织面临的最大挑战是什么？

b）这些挑战对人才、领导力和组织意味着什么？

c）与过去相比，人力资源专业人士未来应该做些什么从而创造更多的业务价值？

我们相信这样的协同合作拓展了思路，提升了研究的广度和深度。

图2-1 人力资源胜任力研究的地区合作伙伴

（2）人力资源胜任力和结果。人力资源胜任力模型通常回答这样的问题："人力资源专业人士的胜任力都有哪些？"现在有不少描述性文字来阐述人力资源胜任力的现状，但它们没有涉及这些胜任力对主要业绩成果的影响。我们的研究把人力资源胜任力与个人有效性、关键利益相关者产出和业务结果联系起来了，从而使胜任力创造价值。

（3）不仅仅是自我陈述。我们意识到，使用自陈报告来表述某人的能力是有风险的（人们通常以自身的动机评判自己，其他人则用他人的行为评判他人)。我们用"360度反馈方法"来克服自身评判的偏见。此轮研究中有将近4000名人力资源专业人士参与了调研。他们提供了关于个人能力的自陈资料。另外,还有大约28 000名人力资源业内外人员提供了360度反馈的信息。有了这些信息,我们便对胜任力及其影响有了更全面的了解。

(4)全球样本。我们试图定义全球范围内人力资源专业人士的胜任力,以及具体地区所在人员的独特能力。我们在"全球人力资源胜任力"一文中谈到了这些差别。在这轮研究中,我们和22家地区合作伙伴合作甄选参与问卷调研的人力资源专业人士和他们的同事。我们发现,胜任力有不少共同的领域,但在各地区的应用又不尽相同。

(5)人力资源胜任力的演变和最新进展。自从第一轮HRCS(1987年)研究开始,我们就一直特别注意确保研究话题能够代表人力资源领域的现状及未来。我们每隔四五年就波浪式地做一次这样的研究。我们发现每一轮研究中的胜任力都有25%～33%的差异。这一轮中有123个胜任力指标,其中约60%是2012年的研究带过来的,因为它们在之前的研究中就是能够预测主要结果的重要指标。

(6)胜任力的差异和相似之处。我们还研究了人力资源从业者的人口群(性别、年龄、职业阶段、职位、在岗时间),以及组织设计(行业、公司规模、公司文化、战略、成功所需的能力、国家)会带来怎样的胜任力差异。这轮研究中包含了对不同人口群的发现。(本书内容为其中一部分,如需整套数据请联系作者。)

(7)人力资源胜任力相对于人力资源部。过去六轮的研究主要集中在人力资源专业人士的胜任力上。在此轮研究中,我们还增加了界定人力资源部的工作内容及其对利益相关者和整体业务结果的影响。关于个人(人才)的影响与文化(组织)的影响力孰轻孰重,一直有很多争议。在此轮研究中,我们提出了关于人力资源部的问题,并汇总了近1400个组织部门的分值结果,得出了关于人力资源部层面的结论。

我们相信这七个主要设计选项可以使我们整合并拓展过去的工作成果，让我们得以满怀信心地帮助人力资源解决业务问题，使其作为一个行业不断进步。

第四部分：样本的特征和人力资源行业的现状

正如之前提醒过的，现在我们要进入详细的数据说明部分了。就像表 2-2 中的数字所列出的一样，第七轮研究中涉及约 1400 家公司的 32 000 份答卷，其中约 4000 份为人力资源自我陈述（该行业从业人员），约 28 000 份为其同事的报告。⊖由于得到了出色的地区合作伙伴的帮助，这是七轮研究中参与样本最多的一次。

表 2-2 七轮研究中参与者概况

	第一轮 1987 年	第二轮 1992 年	第三轮 1997 年	第四轮 2002 年	第五轮 2007 年	第六轮 2012 年	第七轮 2016 年
参与者总数	10 291	4 556	3 229	7 082	10 063	20 023	31 868
业务部门数	1 200	441	678	692	413	635	1 395
参与打分的同事数	8 884	3 805	2 565	5 890	8 414	17 353	27 904
人力资源参与者数	1 407	751	664	1 192	1 671	2 638	3 964

表 2-3 是关于七轮研究的人口群信息。考虑到样本的庞大性，我们认为相关发现足以代表人力资源行业人员构成的变化。表 2-3 中展现了以下几个有趣的发现。

性别：在过去 30 年中，该行业中的性别结构发生了巨大的变化，男性从 77% 减少到 36%，而且这个变化趋势已经趋于稳定。这也许也可以表明进入人力资源行业的女性人数增量减缓或已经停滞。

人力资源从业年数：在最早三轮的研究中，我们发现大约有 25% 的

⊖ 在确定最终样本大小时，我们必须要考虑到缺失的数据。我们收回了超过 38 000 份调查问卷，但是除非被调查者回答了 50% 的问题，否则我们不会使用这些信息。

参与者在人力资源行业从业不足5年,我们认为这反映了这个行业正在增长或组织内部人员在部门间流动的趋势。在2016年的研究中,我们发现参与者中从业不足5年的人力资源人员已经减少到16%。这种减少与资深人力资源专业人士的增加相对应,参与者中将近一半人(47%)有15年或以上的工作经验。虽然对这种变化趋势的解读没有定论,但一个貌似说得通的解释是近些年进入人力资源行业的门槛提高了。

人力资源专业人员的角色:自2012年的研究开始,我们发现人力资源从业者中的通才所占比例有回暖趋势(从40%上升到55%)。在2016年的研究中,除了人力资源规划/战略/平权领域外,其他所有专家任职的人数都有小幅下降。调查中通才的人数占55%,这与2012年前的数据基本一致。

表2-3 30年以来人力资源从业者的个体特征

	第一轮 1987年	第二轮 1992年	第三轮 1997年	第四轮 2002年	第五轮 2007年	第六轮 2012年	第七轮 2016年
人力资源参与者的性别							
男性	77%	78%	70%	57%	46%	38%	36%
女性	23%	22%	30%	43%	54%	62%	64%
在行业中的从业年数							
5年及以下	10	14	13	25	24	25	19
6~9年	14	19	15	18	20	18	19
10~14年	26	24	21	22	23	25	23
15年及以上	50	43	51	35	32	32	39
参与者的主要职责							
福利/医疗/安全	6%	5%	5%	4%	3%	3%	2%
薪酬	5	4	4	6	6	7	6
人力资源规划/战略/平权	6	8	5	8	14	14	10
劳动关系	6	8	5	6	5	4	4
组织发展有效性/研究	2	5	3	13	7	9	5
招聘	3	6	4	4	6	11	8
培训	7	14	6	12	7	11	10
通才	61	45	60	48	49	40	55

表2-4是关于参与者的地区来源。感谢我们的地区合作伙伴，它们使本次研究能真正地从全球化的角度解读人力资源行业。

表2-4 2016年参与者的地区

	各地区的人力资源参与者数	各地区的参与者总数	占所有参与者的百分比
北美（美国和加拿大）	1 153	9 767	30.8
中国	568	4 442	14.0
非洲	456	3 209	10.1
土耳其	323	3 112	9.8
拉丁美洲	336	2 813	8.9
亚洲其他国家	328	2 469	7.8
欧洲	258	2 222	7.0
澳大利亚和新西兰	168	1 540	4.9
日本	166	1 024	3.2
印度	116	718	2.3
中东	73	421	1.3

表2-2至表2-4显示了此次研究样本的广度。我们相信它是全球最大规模的人力资源专业人士和部门的全面测评。

第五部分：主要发现回顾

本次研究回答了关于人力资源如何增加价值的六个问题。

问题1：人力资源从业者的胜任力有哪些？它们在个人背景和组织环境中有哪些不同？

问题2：高效能的人力资源从业者（能被邀请到"会议桌"前的人）应具备哪些胜任力？

问题3：当被邀请到会议桌前（参与业务讨论）时，哪些胜任力能帮助人力资源专业人士为关键利益相关者带来价值？

问题4：当被邀请到会议桌前（参与业务讨论）时，人力资源专业人士应该如何展示人力资源部的工作和政策才能为关键利益相关者带来价值？

问题 5：人力资源从业者需要哪些胜任力来推动业务结果？

问题 6：在推动业务结果方面，人力资源专业人士个人的胜任力和人力资源部的工作相比，哪个更重要？

前三个问题围绕着人力资源专业人士个人的胜任力，以及它们如何影响与业务有关的个人业绩。对于第一个问题，我们做了因素分析来看个人的胜任力应该如何归纳到人力资源胜任力领域中，接着我们再看每个人口群类别的平均胜任力情况。

研究和方法选项

对于问题 1，我们用了因素分析的方法，数据向我们揭示了本书呈现的胜任力模型的九大领域，我们稍后会讨论这些领域。

对于问题 2，我们分析了 360 度反馈中评估者眼中人力资源个人从业者的胜任力是如何与其个人有效性相关的。个人有效性是指其他人对这个人力资源同事在其工作中是否高度有效的整体感觉。人力资源从业者的个人有效性是由图 2-2 所示问题决定的。

整体来说，相比于你认识的其他人力资源同事，这个人（人力资源同事）做得如何？

图 2-2　对人力资源从业者个人有效性的衡量

这个问题的分值说明了人力资源从业者的整体个人有效性。

问题 3 是关于人力资源从业者个人被邀请到业务讨论中能带来的价

值。我们想要知道有哪些胜任力会影响人力资源从业者为一系列利益相关者创造价值的能力，这些利益相关者包括外部客户、投资者/所有者、社区/政策制定者、员工/生产力和一线经理。为了评估人力资源从业者为不同利益相关者创造的价值，我们提出了六个问题，每个利益相关者一个问题（见图2-3）。

整体来说，相比于你认识的其他人力资源同事，在创造价值方面（①外部客户；②投资者/所有者；③社区/政策制定者；④员工/生产力；⑥一线经理），这个人（人力资源同事）做得如何？

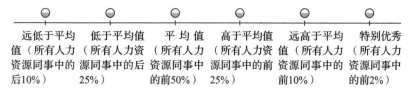

图 2-3　人力资源从业者个人绩效的衡量

这些问卷结果有助于我们识别个体的人力资源胜任力如何为不同的利益相关者带来价值。将近4000名人力资源专业人士参与了问卷调研工作。

问题4、问题5和问题6将我们的重点从纯粹的个体人力资源胜任力和个人业绩产出转移到人力资源部与组织层面。为此我们将近4000名人力资源专业人士归属到他们工作的1400个组织机构中，这1400个组织机构中有一些有1名人力资源人员，有一些可能有10名或者更多。这样我们就有了该组织中所有人力资源人员胜任力的平均状况。

在部门和组织层面，为了了解人力资源部如何设计和实施部门工作从而为利益相关者带来价值，我们提出了以下问题。

请表明你能在多大程度上同意你的人力资源部设计并实施相关工作来为你的公司的下列利益相关者创造价值（见表2-5）。

表 2-5　人力资源部为利益相关者创造价值的问题

	非常不同意	不同意	中立	同意	非常同意
外部客户					
投资者/所有者					
业务经营所属的社区					
政府政策制定者					
你的公司的一线经理					
你的员工					

对于这1400个组织机构，我们了解了①机构内所有人力资源人员的平均胜任力状况；②人力资源部的工作给关键利益相关者带来价值的程度。对个体和集体的（整合的）人力资源胜任力以及它们对利益相关者的影响的评估揭示了一些有趣的发现（见表2-6）。

表 2-6　由人力资源从业者个体及部门工作所决定的为利益相关者带来的人力资源价值

		人力资源从业者个体给关键利益相关者带来的价值	
		低	高
人力资源部设计并实施的工作给关键利益相关者带来的价值	高	2	4
	低	1	3

在格1和格4中，人力资源从业者的表现与人力资源部的工作是一致的（低或高）。在格2中，人力资源从业者的个人胜任力没有给关键利益相关者带来价值，但人力资源部做到了。在这种情况下，一旦人力资源人员被邀请到业务对话中，他代表的就是人力资源部的工作。在格3中，人力资源从业者的个人胜任力给关键利益相关者带来了价值，但人力资源部的工作没有做到。在这种情况下，一旦人力资源人员被邀请到业务对话中，他代表的就是个人的专业性。

在问题4中，我们探讨了人力资源部内集体胜任力以及部门内人力资源工作为一系列利益相关者创造价值的程度之间的关系。这些利益相关者包括外部客户、投资者、社区、政策制定者、一线经理和员工。

问题 5 将对人力资源部门为利益相关者创造无形价值的关注点转移到了组织中首要的业务表现上。表 2-7 总结了过去业绩表现与为利益相关者创造的无形价值之间的差异。

表 2-7 业绩表现与利益相关者价值的比对发现

从过去的业绩表现中的发现	为利益相关者创造的无形价值
更多的是向后看，报告已经发生过的财务结果	更多的是向前看，分析如何服务利益相关者以预测可能会发生的事
更多的是从内部角度分析公司运作	考虑组织内外的利益相关者（由外到内的人力资源）
通过更多地关注战术和交易性质的人力资源工作来驱动业务结果	更多地关注影响力大的系统性的人力资源解决方案
更多地关注过去的传承和历史名誉	将人力资源与未来接轨（信息时代）
对差异性的解释不充分	对大量的差异性给予解释
对于人力资源如何创造业务结果，更多的是在提供答案	在创造价值方面对使人力资源有更多的思考发起挑战

要了解过去的业绩表现基本上是比较直截了当的，可以使用商业研究中定义完善的评估数据。我们使用了一套被验证过的业绩评估指标，让问卷参与者将组织在过去三年的业绩表现与竞争对手相比较，从而在以下领域打分：利润率、劳动生产率、新产品开发、客户满意度、员工吸引力和政策合规。这个方法为多项业绩评估指标带来了多方解答。过去的研究工作显示，那些熟悉问卷内容的回答者有能力评估他们所在组织的相对表现，为一段时间内的企业业绩评估提供了可信的信息。

然而，预测未来的业务结果是更有挑战性的。最新的研究表明，达成长期可持续业绩表现的一个关键是能够为众多利益相关者创造价值，从而与之达成伙伴式的合作关系。只要企业能够持续地为利益相关者创造价值，他们就会付出资源和精力来支持企业。其中的一个表现就是客户忠诚度，当然，员工、投资者、社区和政策制定者都对企业每日的有效运营有重要意义。所以，预估潜在未来业绩表现的一个方法是衡量组织为其关键利益相关者创造的无形价值。这可以表明在帮助组织迈向未来方面，企业在利益相关者身上有多大的投入。

最后是问题6，我们比较了人力资源个体胜任力与人力资源部的质量对过去的业绩表现和为利益相关者创造的无形价值方面的不同影响。图2-4直观显示了HRCS中的重要观念和因变量，并说明了不同图表对应的不同结果。

下面我们将对这项研究的结果作一个简要概述；在随后的章节中，我们将提供与这些结果相关的更多的细节、见解和解释。

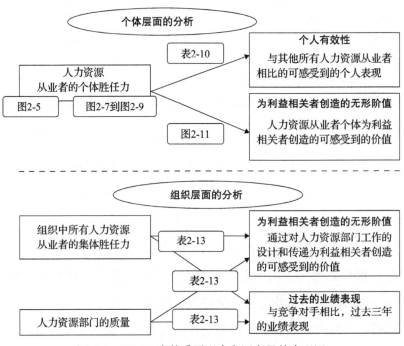

图2-4　HRCS中的重要观念和因变量的直观图

问题1：人力资源从业者的胜任力有哪些？它们在个人背景和组织环境中有哪些不同？

在研究中，我们检视了能够界定人力资源专业人士应该是什么、知道什么以及做什么的123个具体条目（或问题）。我们对这些条目进行了因素分析，以此来定义人力资源胜任力的分类。◯我们的研究产生了人力资源胜任力的九个领域（或因素），如图 2-5 所示。在图 2-5 中，我们又将这九个领域归纳到三个大类中：核心驱动力、战略推动力和基础推动力。

这些胜任力中有三项属于核心驱动力（接下来的讨论会具体说明）。

- **战略定位者**：能够为业务定位并赢得市场。
- **值得信赖的行动派**：能够积极主动地建立信任的关系。
- **矛盾疏导者**：能够管理内在的冲突，促使变革发生（比如，兼具长期和短期的视角，同时能够从上到下与从下往上地推动）。

我们将另外三项胜任力归到战略推动力的领域中，它们帮助人力资源创造战略价值。

- **文化和变革倡导者**：能够促成变化，将变革活动纳入文化变革。
- **人力资本管理者**：能够通过发展员工和领导者来管理人才流动，推动个人绩效的提升，打造技术型人才。
- **全面薪酬总管**：能够通过财务或非财务手段来管理员工的幸福感。

我们将最后三项能力归纳为人力资源的基础推动力的类别。

- **技术和媒体整合者**：能够使用技术和社交媒体来提高组织绩效。
- **数据设计和解读者**：能够运用数据分析来提升决策质量。
- **合规管控者**：能够遵守政策法规，管理相应的合规流程。

这九项人力资源胜任力中的每一项都对人力资源专业人士的业绩至关

◯ 我们通过因素分析来确保 123 个具体条目被正确地归到主要领域中。因素分析的方法非常复杂（比如，我们是否分析所有 32 000 名参与者，或者是 28 000 名参与的同事，或者只是其中的 4000 名人力资源从业者？）我们也确保这 123 个条目很清晰地被归到了一个领域。我们试着在 5～10 个领域中测试归类的最佳方案。在进行了超过 200 次因素分析后，我们选定了用九个领域来概括这 123 个条目。如需具体因素分析和假设信息可以联系作者。

重要。我们将会按照评估者的种类、性别和地区介绍整体结果。⊖

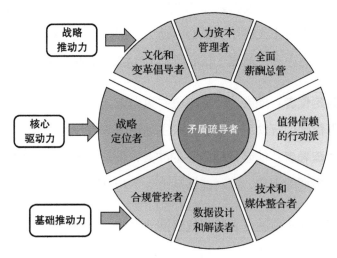

图 2-5　2016 年人力资源胜任力模型：第七轮

就像第 1 章中阐述的重塑人力资源影响力的四大力量，这九个领域（见图 2-5）将在本书中被反复提及。

表 2-8 列出了不同组的评估者给出的人力资源胜任力的九个领域中各自的平均值。表格不同的行是不同的胜任力领域，表格的五列是 360 度测评中不同类别的评估者。九个胜任力领域的分值分布呈现了类似的模式（见每列的分数）。

正如数据所显示，在所有评估者眼里，人力资源从业者在值得信赖的行动派（4.33/5）和合规管控者（4.32/5）方面最强，在全面薪酬总管（3.88/5）与技术和媒体整合者（3.92/5）方面最弱。不论评估者是谁（第二列是自评、第三列是经理、第四列是人力资源同事、第五列是非人力资源同事），这种评估模式都是一样的。考虑到人力资源从业者在传统上就是在个人可信度和政策合规方面更加为人所知，这种结果符合常理。请注

⊖　我们有很多人口群细分的九个胜任力的结果（如人力资源行业任职时间、公司规模、行业、从业者的角色等），如需这些具体的结果请联系作者。

意主要差异的分值起点是 0.15。⊖

表 2-8 第七轮胜任力领域按评估者分类的平均值

	1. 所有人的评估（不包括自评）	2. 自我评估	3. 经理评估	4. 人力资源同事评估	5. 非人力资源同事评估
评估人数	27 904	3 964	3 738	13 168	10 998
战略定位者	4.13	4.05	3.94	4.13	4.21
值得信赖的行动派	4.33	4.35	4.27	4.29	4.42
矛盾疏导者	3.99	3.87	3.86	3.98	4.08
文化和变革倡导者	4.03	3.96	3.88	4.02	4.11
人力资本管理者	4.01	3.90	3.88	4.01	4.08
数据设计和解读者	4.01	3.89	3.78	4.04	4.06
全面薪酬总管	3.88	3.76	3.81	3.86	3.95
技术和媒体整合者	3.92	3.77	3.78	3.93	3.96
合规管控者	4.32	4.34	4.34	4.30	4.38
总平均分	**4.07**	**3.99**	**3.94**	**4.06**	**4.14**

纵列的结果相当有趣。人力资源从业者自我评估（第二列）的分值几乎都要比经理评估（第三列）高一些，但比人力资源同事评估（第四列）的分值低，甚至低于非人力资源同事评估的分值（第五列）。他们的经理对自己所管理的员工有更高的期待。人力资源同事则觉得其他同事比自己的技能更强，非人力资源同事的评分就更高了。

也许人力资源从业者（第二列）比其他评估者更加意识到自身的局限，也许在评估自身技能方面，他们的自信不如其他评估者足，还可能是同事们认为人力资源的人员可以做得更多。我们倾向于第三种解释，可以将这些发现视作希望人力资源从业者在这九个胜任力领域更加进取的通行

⊖ 我们经常被问及这些发现的"统计学意义"。在这种规模的样本中，几乎所有的发现都具有"统计学意义"。我们更感兴趣的是"有重大意义"，这意味着对于这些信息的见解是值得关注的。

证。他们部门内外的同事都已经认为他们做得比自己感觉的好。人力资源从业者有时候会感慨他们如何被同事看待，但他们较低的自我形象感和自信心反倒可能是工作有效性的障碍。

表2-9显示出女性人力资源从业者通常在九个胜任力领域中普遍高于男性同行，虽然具体领域的差异都很小，但这个趋势是显而易见的。这个发现和其他360度测评的性别差异结果是一致的。当人力资源日渐成为一个被女性主导的行业时（见表2-3），它可能已经成为女士比男士更能展现自己能力的舞台。

表2-9 九个领域里按参与者性别分类的分值

	女性	男性
战略定位者	4.14	4.11
值得信赖的行动派	4.34	4.29
矛盾疏导者	4.01	3.94
文化和变革倡导者	4.04	3.99
人力资本管理者	4.02	3.97
数据设计和解读者	4.01	3.98
全面薪酬总管	3.90	3.84
技术和媒体整合者	3.94	3.85
合规管控者	4.34	4.34
总平均分	**4.08**	**4.03**

表2-10是关于不同地区的评估结果。再一次，分值模式显示，各地区人力资源从业者依然是在值得信赖的行动派和合规管控者方面更加有效，在全面薪酬总管以及技术和媒体整合者方面相对较弱。整体来说，人力资源从业者在北美（4.18）、大洋洲（澳大利亚和新西兰）（4.11）与中国（4.11）的分值最高，在日本（3.74）和拉丁美洲（3.92）的分值最低。这个结果也许反映了人力资源行业在各个地区的成熟度。

对此我们的感觉是，我们访问过很多地区，在每个地区都见到了能力强、敬业的人力资源专业人士，我们还发现每个地区都有新涌现的充满创造力的人力资源工作方法。比如，日本的人力资源专业人士在吸引员工参与决策、塑造高层人力资源领导者的可信度以及基于严谨的数据做人力资源决策方面都走在前列。

表 2-10 九个领域内按地区分类的分值

	北美	拉丁美洲	大洋洲	欧洲	土耳其	中东	非洲	中国	日本	印度	亚洲其他地区
战略定位者	4.25	4.00	4.16	4.06	4.11	4.12	4.18	4.09	3.85	4.07	4.06
值得信赖的行动派	4.45	4.18	4.40	4.22	4.31	4.29	4.36	4.35	4.09	4.25	4.25
矛盾疏导者	4.11	3.87	4.02	3.91	4.04	3.98	3.93	4.01	3.58	3.96	3.91
文化和变革倡导者	4.14	3.86	4.09	3.93	4.01	4.01	4.06	4.04	3.74	4.03	3.94
人力资本管理者	4.09	3.84	4.08	3.89	4.00	4.01	3.98	4.12	3.71	3.99	3.92
数据设计和解读者	4.09	3.94	4.01	3.90	4.10	3.98	3.98	4.04	3.67	4.01	3.92
全面薪酬总管	3.98	3.66	3.90	3.72	3.97	3.84	3.78	4.00	3.63	3.89	3.83
技术和媒体整合者	4.06	3.75	3.90	3.71	4.03	3.97	3.84	4.01	3.34	3.95	3.84
合规管控者	4.47	4.20	4.39	4.24	4.30	4.18	4.27	4.32	4.09	4.19	4.22
总平均分	**4.18**	**3.92**	**4.11**	**3.95**	**4.10**	**4.04**	**4.04**	**4.11**	**3.74**	**4.04**	**3.99**

问题 2：高效能的人力资源从业者（能被邀请到"会议桌"前的人）应具备哪些胜任力？

正如之前讨论过的，我们不想仅仅描述人力资源胜任力都有哪些，以及它们被运用的程度，我们还想了解它们对重要结果的影响。其中一个结果是近 4000 名人力资源从业者的整体个人有效性。我们假设被认为有效的表现是能让人力资源专业人士"被邀请到会议桌前"或参与业务讨论。

我们分析了九个人力资源胜任力领域（自变量）来寻找是哪些胜任力让人力资源从业者被认为是更有效的，从而被邀请到业务讨论中。表 2-11 列出了九个人力资源胜任力领域中对于解读个人有效性的相对重要性，相对值的总和是 100%。纵观这九个领域，人力资源从业者个人影响力的相对重要性总值相当高，达到了的 83%（整体 R^2）。虽然这九个领域都对人力资源个人有效性有影响,但表 2-11 还显示值得信赖的行动派在决定人力资源个人有效性方面具有首屈一指的重要性(19.3%)。

这些数据表明了人力资源从业者在许多领域中都需要具备基本的技能,但他们总体的个人有效性主要来自成为一个值得信赖的行动派,因为这样的人能做到一诺千金,拥有政治敏锐度并能抢占先机。在第 6 章中,我们分析了成为值得信赖的行动派的成因,并提出了使个人更有诚信的具体行动建议。有意思的是全面薪酬总管以及技术和媒体整合者是负分,这一点我们将在第 9 章和第 10 章中讨论。

表 2-11 每个人力资源胜任力对整体个人有效性的影响

	整体个人有效性在每个胜任力领域中的百分比 (相加之和是 100%)
战略定位者	**14.5%**
值得信赖的行动派	**19.3%**
矛盾疏导者	**11.7%**
文化和变革倡导者	**14.2%**
人力资本管理者	**13.1%**
数据设计和解读者	8.2%
全面薪酬总管	(6.2%)
技术和媒体整合者	(4.9%)
合规管控者	7.9%
胜任力解读的有效 R^2 的百分比	83.4%

注:在所有表格中,加黑字体的数字表示统计上在 0.05 级别的意义;括号中的数字表示负值。

问题 3:当被邀请到会议桌前(参与业务讨论)时,哪些胜任力能帮助人力资源专业人士为关键利益相关者带来价值?

正如第 1 章提到的,利益相关者对业务和人力资源的期待日益增加且不断变化。在这轮研究中,我们分别衡量了人力资源从业者为六个利益相关者创造价值的程度,其中四个是组织之外的(客户、投资者、社区和政策制定者),两个是组织内的(一线经理和员工)。

我们分析了九项胜任力与人力资源从业者为各利益相关者创造价值的

程度之间的关系。在表2-11中，我们显示了九大胜任力对这些利益相关者的重要性。

表2-12显示了当人力资源从业者被邀请到业务讨论中时，他们使用的胜任力会根据所代表对象的不同而相应不同。这说明当一名人力资源专业人士一旦被邀请到业务讨论中（因此成为值得信赖的行动派），他就需要审慎地考虑自己在这些讨论中代表谁。虽然九项胜任力都很重要，但如果人力资源专业人士代表的是员工或一线经理（内部利益相关者），他们就必须继续做一名值得信赖的行动派；如果他们代表的是客户和投资者，他们就需要成为战略定位者；如果代表的是政策制定者，他们就还需要具备合规管控者的技能。另一个有趣的发现是文化和变革倡导者这项胜任力对于所有利益相关者都有着相对一致的较高的重要性，而技术和媒体整合者以及全面薪酬总管这两项胜任力对利益相关者的影响最小。

表2-12　每项胜任力对人力资源从业者为利益相关者创造的价值的影响

	外部客户	投资者/所有者	社区	政策制定者	一线经理	员工
战略定位者	**19.2**	**20.5**	**16.1**	**18.1**	13.6	12.9
值得信赖的行动派	**11.7**	10.2	**12.9**	7.7	**19**	**20.3**
矛盾疏导者	**11.3**	**11.1**	**11.9**	9.6	**12**	**11.3**
文化和变革倡导者	**14.2**	**13.7**	**15.2**	9.3	**13.6**	**14.4**
人力资本管理者	**12.5**	**13.1**	**12.5**	9.2	**14.9**	**12.2**
数据设计和解读者	10	**11.4**	7.6	**12.8**	8.4	(6.8)
全面薪酬总管	7	6.4	**10.2**	8.8	(5.3)	8.3
技术和媒体整合者	**7.4**	6.6	6.5	6.2	(4.6)	5.3
合规管控者	(6.7)	(7.1)	7.2	**18.3**	8.5	8.5
胜任力解读的有效R^2的百分比	82.4	78.1	83.4	72.3	83.6	82.7

注：每纵列数值相加为100。

传统意义上人力资源从业者被视作员工的代言人，但如今他们也服务于一线经理以实现战略，他们还通过代表外部客户、投资者和社区来服务于业务。能为企业内部带来价值而所需的胜任力与为外部带来价值所需的截然不同。不是为了让经理和员工开心而存在的，它们是为了让客户和利益相关者满意而存在的。如果人力资源想为公司存在的目的做贡献，那么战略定位者（接下来是文化和变革倡导者）是必备的胜任力。关于成为战略定位者的具体方法和工具在第 7 章中有详细讨论。

表 2-12 的目的是要说明当我们同时解读人力资源胜任力的其他领域时，每项胜任力又为不同的利益相关者创造了多少价值。这些结果显示了为利益相关者创造价值方面的每项胜任力的差异百分比（总体相加为 100%）。

问题 4：当被邀请到会议桌前（参与业务讨论）时，人力资源专业人士应该如何代表人力资源部的工作和政策才能为关键利益相关者带来价值？

问题 5：人力资源从业者需要哪些胜任力来推动业务结果？

现在我们将问题 4 和问题 5 放在一起讨论。为了进一步确认一名人力资源专业人士应该成为什么、知道什么和做什么，我们检验了人力资源部中哪些胜任力与组织过去与潜在的业绩有最紧密的关系。就像之前提到过的，过去的业绩涉及六个方面（利润率、劳动生产率、新产品开发、客户满意度、吸引新员工和政策合规），而潜在业务表现是决定能为不同的利益相关者（员工、组织、客户、投资者、社区和政策制定者）创造多大价值的分值。

表 2-13 是 1400 家组织机构中人力资源个人胜任力分值的汇总结果。这张表揭示了关于人力资源胜任力如何为关键利益相关者创造价值的一些有趣的模式。我们知道，这是一张复杂的表格。每个利益相关者中有两个纵列，第一列是人力资源从业者个体为其创造的价值，第二列是人力资源部为其创造的价值。这样表 2-13 就展示出了不同的分析层面（个人或部门），不同的胜任力是如何对不同利益相关者的结果产生影响的。

第 2 章 人力资源有效性的实证基础 37

表 2-13 每项人力资源胜任力在组织机构表现中可被感受到的单独影响

	外部客户		投资者/所有者		社区		政策制定者		一线经理		员工		过去的业务表现
	个人(100)	部门(100)	个人(100)	部门(100)	个人(100)	部门(100)	个人(100)	部门(100)	个人(100)	部门(100)	个人(100)	部门(100)	
战略定位者	**19.2**	**20.4**	**20.5**	**20.5**	**16.1**	9.7	**18.1**	14.8	**13.6**	(8.0)	**12.9**	8.4	14.2
值得信赖的行动派	11.7	9.5	10.2	14.0	12.9	7.8	7.7	(5.9)	**19**	12.6	**20.3**	**19.7**	10.5
矛盾疏导者	11.3	9.9	**11.1**	11.7	**11.9**	14.2	9.6	9.6	**12**	12.3	**11.3**	12.4	**18.9**
文化和变革倡导者	**14.2**	(8.6)	**13.7**	9.8	**15.2**	13.2	9.3	(7.1)	**13.6**	13.5	**14.4**	11.7	10.9
人力资本管理者 (%)	**12.5**	8.1	**13.1**	8.2	**12.5**	9.1	9.2	6.4	**14.9**	**21.4**	**12.2**	9.0	9.0
数据设计和解读者 (%)	10.0	10.2	**11.4**	7.2	7.6	7.7	**12.8**	17.1	**8.4**	6.3	(6.8)	4.8	8.8
全面薪酬总管 (%)	7.0	9.6	6.4	8.8	**10.2**	**19**	**8.8**	10.4	(5.3)	(8.3)	**8.3**	8.7	8.4
技术和媒体整合者 (%)	**7.4**	**18.7**	6.6	13.6	6.5	11.3	6.2	7.5	(4.6)	5.7	5.3	4.2	12.5
合规管控者 (%)	(6.7)	(4.9)	(7.1)	(6.2)	7.2	7.9	**18.3**	**21.2**	**8.5**	12	**8.5**	**21.1**	(6.7)
胜任力解读的有效 R^2 的百分比 (%)	82.4	19.8	78.1	12.2	83.4	17.8	72.3	22.4	83.6	15.3	82.7	16.2	7.7

注：这些结果显示了人力资源从业者个体和部门中的每项胜任力对于组织机构表现的差异百分比。纵列相加为 100%。

第一，矛盾疏导者这项胜任力似乎与过去的业务表现有着最重要的关系（列13），之后是战略定位者以及技术和媒体整合者。这个全新的发现简直太有趣了。我们的解释是：因为存在着第1章中所述的外部四大力量，所以组织也必须为了生存而求变。

创建灵活应变的组织需要调和各种矛盾，它蕴含了"此／还有彼"的思维模式。比如，**矛盾**意味着组织应该是自上而下的且是自下而上的；既关注外部客户，也关注内部员工；是发散也是聚合；鼓励自由但也需要控制。调和这些冲突和紧张会促进激励组织灵活度的沟通。第8章将讨论相关的要点和工具。

第二，在大多数情形下，在人力资源工作如何影响利益相关者方面，人力资源从业者个人胜任力对外部利益相关者的相对重要性，与组织中所有人力资源从业者相对重要性的平均值是一致的（偶数纵列）。（请注意奇数列中的人力资源从业者个人对六个利益相关者的影响和图2-11相似。）这些相似的数值显示，在大多数情况下个人层面的胜任力和部门层面的胜任力对于利益相关者有类似的影响。在这些情况下，人力资源从业者个人代表的是部门内的各项工作。

第三，在某些情况下，人力资源个人的胜任力比人力资源部对利益相关者的影响大（比如，战略定位者作用于一线经理，值得信赖的行动派作用于政策制定者，文化和变革倡导者作用于外部客户与政策制定者）。在这些情况中，人力资源从业者个人比集体有更多的影响（如表2-5的格3所示）。

第四，在一些情况下，集体的人力资源胜任力比个人的影响大（数据设计和解读者作用于员工；技术和媒体整合者作用于客户、投资者和一线经理；全面薪酬总管作用于员工）。在这些情形中，人力资源部的工作比个人的有更多的影响（如表2-6的格2所示）。

问题 6：在推动业务结果方面，人力资源专业人士个人的胜任力和人力资源部的工作相比，哪个更加重要？

此项研究中一个独特的切入点就是在预测未来业务结果方面，比较了人力资源专业人士个人的胜任力和部门层面工作的相对影响力。关于个体胜任力和组织能力哪一个在推动业务结果方面更有影响力的问题对制订改进计划有着非常重要的意义：是提升个人能力还是部门能力？

在这项研究中，根据近 1400 家组织机构的信息，我们可以回答人力资源个体胜任力和部门工作质量哪一个对业务结果有更大的影响。如表 2-14 所示，我们发现人力资源部的质量对业务结果的影响差不多是部门内个人胜任力的 4 倍（7.7% 与 31%，表 2-14 纵列 1）。研究还发现，在为利益相关者（员工、一线经理、客户、投资者和社区）创造价值方面，部门是个人的 2～5 倍。提升人力资源个人能力很重要，但提升整个部门的能力更加重要。

表 2-14 人力资源部为不同利益相关者创造的价值的差异百分比

	业务表现	人力资源的利益相关者					
		外部客户	投资者/所有者	社区	政策制定者	一线经理	员工
人力资源专业人士胜任力	7.7	19.8	12.2	17.8	22.4	15.3	16.2
人力资源部活动	31	46.5	52.4	52.8	41.7	60.7	59.8
其他变量（如战略、文化）	61.3	33.7	35.4	29.4	35.9	24	24
回归分析 R^2	45.2	52.5	49.5	39.5	36.9	51.6	57.2

注：纵列相加的和为 100%，代表了每个变量模型中可被解释的差异的百分比。

过去人力资源圈有句俗话是："我喜欢我的人力资源同事，但我不喜欢这个部门和流程。"这些数值挑战了这样的老观念。虽然个人胜任力对业务结果确实有影响，但人力资源部的工作质量更加重要。考虑到过去 25 年大部分人力资源工作领域集中在识别从业者的个人胜任力上，这项发现就更有意义了,并有可能改变我们将这个领域提升到更高水准的游戏规则。

这些发现引出了本书的书名,甚至本书的产生。赢在组织,是因为组织比个人更能创造业务价值。虽然此项研究关注的是人力资源领域内的个人和组织,但第3章将谈到相关发现的更广泛的意义,第4章和第5章将回顾人力资源部增加价值的具体活动。我们把这三章有关"组织"的章节放在第二部分,在第三部分"个人"之前,就是因为组织在关键业务结果上有举足轻重的影响力。

重要发现的总结

第1章解读了基于社会经济环境的四大力量,以及人力资源为什么至关重要。为了回应这些机会和挑战,人力资源专业人士和部门必须改变。人力资源的演变不是随意的,而是可以被严谨的研究引领的。本章我们回顾了历史研究来定位现在的发现,从而继续塑造人力资源这个行业。表2-15总结了我们对六个问题独特的见地和发现。通过建立可以推动业务结果的组织来成为值得信赖的行动派以建立信誉,像战略定位者一样服务于外部利益相关者,疏导矛盾以达成业务结果,这样人力资源专业人士完全可以把握住未来的机会。

表 2-15 关键问题和主要发现

关键问题	主要发现	更多资讯
1.人力资源从业者的胜任力有哪些?它们在个人背景和组织环境中有哪些不同	• 九大胜任力领域 • 三个核心驱动力,三个战略推动力,三个基础推动力	第9章关于战略推动力 第10章关于基础推动力
2.高效能的人力资源从业者(能被邀请到"会议桌"前的人)应具备哪些胜任力	• 成为值得信赖的行动派	第6章关于成为值得信赖的行动派
3.当被邀请到会议桌前(参与业务讨论)时,哪些胜任力能帮助人力资源专业人士为关键利益相关者带来价值	• 对于组织内部(员工、一线经理),成为一名值得信赖的行动派 • 对于组织外部(客户、投资者),成为一名战略定位者	第7章关于成为战略定位者

（续）

关键问题	主要发现	更多资讯
4. 当被邀请到会议桌前（参与业务讨论）时，人力资源专业人士应该如何代表人力资源部的工作和政策才能为关键利益相关者带来价值	在大多数情况下，人力资源专业人士的个人胜任力对利益相关者所需结果的影响和人力资源专业人士集体对其的影响是一样的，后者是通过影响人力资源工作方法来影响利益相关者，个别情况除外（文化和变革以及数据分析）	第6～10章都有讨论
5. 人力资源从业者需要哪些胜任力来推动业务结果	矛盾疏导者（管理张力以及发散/聚合循环），之后是战略定位者以及技术和媒体整合者	第8章关于成为矛盾疏导者
6. 在推动业务结果方面，人力资源专业人士个人的胜任力和人力资源部的工作相比，哪个更加重要	认识到人力资源作为一个部门的重要性 建立组织能力（信息/外部感知、速度、文化、协同、效率、客户回应度）	• 第3章关于为什么组织至关重要 • 第4章人资源的首要任务 • 第5章重要的人力资源工作

2

VICTORY THROUGH ORGANIZATION

第二部分

组　织

第 3 章

为什么组织至关重要：组织超越个体人才的价值所在

第 2 章概述了本书和我们研究中的基本理念的实证基础。我们总结了过去和目前让人力资源专业人士被客户和同事认可的胜任力情况，我们还分析了那些与业务结果紧密相关的胜任力，以及为不同的利益相关者创造价值的部分。我们在第 2 章以一个问题来总结全文：在推动业务结果方面，人力资源专业人士个人的胜任力和人力资源部门的工作相比，哪个更加重要？第 2 章结论性的统计数据揭示了在两者之间，人力资源部门的活动对所有利益相关者都有着更为巨大的影响。这个重要发现表明人力资源部门的活动而不是人力资源个体人才，对业务结果和利益相关者价值有着决定性的作用。

接下来的三章将讨论"赢在组织"这个主题。第 3 章会将组织学上的逻辑、研究和应用方法应用在整个组织层面（例如公司或业务单元），第 4 章和第 5 章会将组织学上的逻辑应用在人力资源部门的层面。

在第 3 章中，我们用大量具体的细节回顾了一些实证信息。我们讨论了组织存在的目的以及它们在业务结果中的主要角色。考虑到现在人力资源部门都格外关注人才个体，我们在主要关注组织能力创造竞争优势的同时也研究了达成个人卓越度的重要性。在此基础上，我们回顾了最近一轮 HRCS 中发现的三种类别的组织能力和 11 项关键胜任力。我们提供了四步流程来创造和维持这些必备的组织能力，我们最后会提供为组织能力做自评设计和实施的逻辑。

组织至关重要

让我们从本章的基本论点开始：组织至关重要。实际上，组织太重要了。对利益相关者来说，组织比个体人才关键多了。IBM 的股东会问："IBM 有没有实现自己的财务目标？"IBM 的客户会问："IBM 是否言出必行？"IBM 的政策制定者会问："IBM 是否遵守了相关的法律法规？"IBM 的员工会问："IBM 是否在公平地对待我？"旧金山交响乐团的听众会问："乐曲演奏得好吗？"曼联队的球迷会问："我喜欢的球队赢了吗？"请注意，所有的利益相关者关注的都是组织的表现——**结果**。他们的期待聚焦在团队上、组织中，在任何一个个人的表现上所给予的关注都只有非常有限的程度。个人表现固然也是被期待的重要部分，但是竞争优势在于使整体大于个体的总和。利益相关者了解单个人才的重要性，但他们更想要组织贡献结果。

最近的 HRCS 进一步论证了上述逻辑，即第 2 章中所讨论的内容（见表 3-1，表中内容在表 2-14 中也有展示）。在研究中我们区分了两种结果：业务表现和利益相关者价值。我们对业务表现的衡量集中在组织过去三年的业绩上，所以业务表现的衡量可以说是对过去业务的衡量。相反地，利益相关者价值是可持续的无形价值的指标，而很多人认为为利益相关者创造的无形价值是对未来业绩的重要预测。因为人力资源的使命就是创造和维持能够推动绩效的组织能力，接下来的章节将重点讨论人力资源部对利益相关者价值的影响。

表 3-1 个人胜任力和人力资源部活动对整体业务表现和为利益相关者创造价值的影响

	业务表现	外部客户	投资者/所有者	社区	政策制定者	一线经理	员工
人力资源专业人士胜任力	7.7	19.8	12.2	17.8	22.4	15.3	16.2
人力资源部活动	31	46.5	52.4	52.8	41.7	60.7	59.8
其他变量（如战略、文化）	61.3	33.7	35.4	29.4	35.9	24	24
回归分析 R^2	45.2	52.5	49.5	39.5	36.9	51.6	57.2

这些实证的结果非常引人注目且很有说服力，它们体现了以下要点。

- 当人力资源部能够像一个整体的组织一样运作时，它能对业务结果产生大约四倍于人力资源专业人士个人的影响力。当我们比较组织与个人对每个利益相关者的影响时，都是这个趋势。
- 与具备胜任力的人力资源专业人士相比，人力资源作为一个部门能够为外部客户创造大约高两倍的价值。
- 与人力资源专业人士相比，人力资源部能够为投资者和所有者创造高三倍的价值。
- 与人力资源专业人士相比，人力资源部作为一个组织能对社区和政策制定者产生高两倍的影响力。
- 人力资源部为一线经理创造的价值是个体人力资源从业人员的四倍。

对于人力资源部如何协同工作的整体安排以及整合组织运作，这些发现蕴含的意义影响深远。人们需要重新审视一个很久以来的老观念，即一线经理和员工都喜欢人力资源部的同事，但"讨厌人力资源部"。也许这些利益相关者确实也喜欢他们的人力资源部门的同事，但真正的价值是人力资源组织共同努力创造的。

组织的重要性

证据直接显示了组织的重要性。组织存在于生活的每个层面中，几乎所有人都直接或间接地在为组织工作，就连私人咨询师也是为组织做咨询的。福尔摩斯雇用了华生医生和哈德森夫人；美国政府是世界上最大的雇用机构；美国最大的私人雇主是沃尔玛和麦当劳。我们喜欢的足球（喜欢它的变化无穷），以及很多个人体育运动（比如高尔夫或网球）也是由组织构成的。在美国，有150万美元注册资金的非营利机构。根据盖洛普2013年的自评调查，37%的美国人称自己有参与某种形式的宗教仪式。

在这些证据之外，实证经验也证实了组织在实现经济和社会目标方面的重要性。过去30多年的研究表明，与行业特性和地理位置这样的环境变量相比，组织变量能对公司业绩进行更有力的预测。

一系列经济、社会、组织行为以及法律和心理学研究文献揭示了组织存在的五大原因。为了更好地管理和利用组织的重要性，理解组织产生的基本推动因素以及定义组织的价值是非常有用的。

- **专业化**：在以前的经济学家和哲学家的研究成果之上，亚当·斯密进一步认为，组织的存在是为了创造劳动分工的杠杆效益。他的经典案例是针的制造。他提出，一个工人单独生产一天可以制造20根针。然而通过劳动分工，"一个人裁好金属丝，另一个人加工它，第三个人切割它，第四个人把它弄尖，第五个人把它磨光"，等等，10个工人一起工作就能在一天内生产超过48 000根针。
- **信息成本优化**：诺贝尔经济学奖获得者罗纳德·科斯和奥利弗·威廉姆森认为，组织的存在是为了弥补市场本身无法以市场价格来全面反映商品价值或劳动价值的现状。其实一个社会也可以没有任何经济组织，如果每个工人每天贡献的价值都能被计算出来并且被支付，那么经济价值就是由每个人作为个人贡献者所创造的，并且个人与客户有商品销售和服务的单独契约。然而在这种情况下，劳动贡献的管理成本将高得惊人。首先，因为每个员工的技术工作和文化契合度的价值对于一家具体的公司来说都是独一无二的，这种与个体员工签订双向合同的做法在经济上是不可行的，特别是当员工能投机取巧，让发薪水的人相信他雕虫小技的工作价值远大于实际价值的时候。在相关情况下，这些工作有以下特点：①当工作最好由团队完成时；②当工作讲求质量（而不是数量）时，它的价值更难衡量；③当价值是由脑力劳动创造时；④当今天工作的价值需要放在长期的过程中才能决定时；⑤当参与工作的人分布在不同的地点时。这些特性就是如今工作环境的写照了。为了应对这种局面，员工不能再被单独签约了，而必须由公司雇用。公司会给他们目标和其他业绩方面的期望，主管以及其他管理机制会收集他们工作的信息以及他们对公司的价值。这种方法最大的好处是帮助管理层降低监控和管理的成本，提升公司的效率。通过设立共同的目标和价值，员工钻空子和投机取巧的行为会减少，同时管理绩效监管监督的成本也会降低。

- **互补性**：一种类似的思路认为，组织的存在是为了协调任务，这些任务在个人的手中是复杂的、各不相同的，但在众人的手中是互相依存的、互补的。GE 就做到了可以整合、协调和互补公司所有的知识、能力、技术、任务、结构、流程、业务单元的战略、政策制约和市场情况。这是为了降低成本，也是为了优化产出。大量的研究表明，组织活动中的个人层面对于业务结果的影响是微弱的、无法持续的或在统计上是微不足道的，但是当组织活动中的集体像整合的系统一样运作时，他们对提升业务表现就有着积极的推动作用。其中的意义一目了然。组织的存在是为了让整体大于局部的总和。确保各个元素能够在技术、政治及战略层面一起工作，是管理层和人力资源的工作。

- **心理满足感**：长久以来都有这样的说法，即人是有与其他人联结的根本动力或需求的。虽然马斯洛需求层次理论的实证基础还有些站不住脚，但它还是一直被用来作为解释人类动机的一个象征。运用到组织上，则说明人有经由组织这个平台来满足的需求。协同工作可以更好地帮助人们满足基本需求，其中物质需求由收入满足，安全需求从集体行动中得到满足。在组织环境中，人们互动并产生友爱。一起工作多年让人产生了依恋感，有了身份认同感和归属感。通过财务和社交上的收益，尊重需求或许也提高了，个人动机会朝着更好的业务表现迈进。最后，关于回答"为什么要工作"的问题，组织帮助个人实现了全面的个人需要，包括通过创造高绩效来得到满足的自我实现需求。

- **创造和善用才能**：就算是那些最有个人才干和自我成就的企业家们，在事业早期也都在组织中受到过训练（比如比尔·盖茨在高中时有机会接触到早期计算机和编程；乔布斯上高中时在惠普受过熏陶）。就像马尔科姆·格拉德威尔所说的一样："我们太沉迷于这些杰出精英们的自我成就的故事，以至于我们觉得他们简直就是从石头缝里蹦出来的。"其实，除了要生而逢时之外，他们卓越的禀赋更多的是早期在组织中的熏陶和文化传承的产物。许多卓越的独特之人所取得的成就，是他们在组织中能善用自己固有的能力从而创造出来的。没有人能够在没有教练、厨师、清洁工以及充满鼓励氛围的家庭和练习环境的情况下，靠自己练习 1 万次就能够自发地获得成就。

由于这些原因，组织产生了。充分利用劳动分工的专业化，优化信息成本，整合互补项，使组织的整体大于各部分的和，利用组织创造并善用才能，这些都界定了竞争优势之所在。为了满足所有这些需要，人力资源部必须提供流程、结构、人才、奖励、培训和沟通机制来创造与维持组织能力。

在组织环境下如何思考人才话题

过去的 20 年来，人才管理风势头强劲。有很多书是关于如何聘用、发展、培育和保留人才的。人才管理的咨询工作如雨后春笋般不断冒出来，更有甚者，人力资源部纷纷成立了正式的人才管理部门，还有些甚至改了职位名称以正式确认人才作为人力资源工作的核心地位。

我们认为，如果对人才的关注被过分强调，那么人力资源对组织业务结果的影响力反而会被削弱。这种人才导向的脆弱性在于它关注强化个人贡献。"人才"这个词本身就蕴含着公司必须要有能干的个人才能达成目标的意思。当然，这对任何组织来说都是极其重要的任务。但如果公司将首要关注点放在个人贡献上，人才运动就只会带来组织整体与个体相加一样大的成功，而不能做到大于个人之和。

麦肯锡公司发表的"人才战争"调查报告大大强化了人才导向的风潮。报告认为，"最好"的公司都是对人才痴迷的公司。他们从最好的商学院中雇用最好的毕业生，支付给他们优厚的签约金以及远高于其他人的薪水。他们找到其中的佼佼者，然后给他们充分的自由。这些人可以申请任何自己喜欢的内部职位，任何经理都不得阻挠。组织认可这种让明星员工自由发挥的风气，并很快地把他们提到高层职位上。所有这些都助长了超级明星的思维，有时甚至到了自恋的程度，组织的利益被放到了超级明星的个人利益之后。就像格拉德威尔所说的一样，有一家遵循超级明星制的大公司就是在事无巨细地执行人才战中开出的处方，它就是安然公司。

这并不是说公司不应该尽力而为地招聘和培育优秀的个体人才，我们要强调的是人才个体并不能创造竞争优势。在每年世界各地的几十次论坛上，我们会问很多人力资源和业务高管："在招聘真正优秀的员工这件事上，你们所花的时间和精力是多少？"他们都不约而同地回答道："很多啊！"我们继续问："那么你们做得如何？"他们又都不约而同地答道："还不错。"我们接着问："那么如果你们现在离开房间，让最厉害的竞争对手公司中和你们职位一样的人进来。我们问他们刚才那两个同样的问题。他们会怎么回答？"高管都一致答道："竞争对手的回答会和我们的回答一样。"于是我们问道："那么谁是对的，是你还是你的竞争对手？"他们回答:"我们都对。"这个回答确认了劳动力经济学家在很多年前就知道了的事,即经过一段时间后,主要竞争者都会拥有大致相同的专业人才胚子。在聘用过程中,你会得到一些人才,同时也会失去一些。关键因素不是你能拥有人才个体,而是竞争优势在于一旦你拥有了他们,你就能做些什么。**这便是一个组织层面的问题了。**

这个推测有实证以及真实事例为证。格鲁斯伯格、李和诺里亚(2008)发现明星证券分析师一旦跳槽离开,公司的绩效会立刻有至少为期五年的下跌。然而,如果他们带着自己的团队一起离开,他们的业绩就能保持住。尤里奇注意到,在 NBA 联赛中有最佳投篮手的球队赢得冠军的概率只有 15%。在博彩赔率 5000∶1 的情况下,莱斯特城足球俱乐部赢得了英格兰超级足球联赛的冠军,这是英格兰足球总会属下最高等级的足球俱乐部比赛体制。其中顶尖的五家球队中顶尖球员的平均工资是 1.912 亿英镑。莱斯特城队的工资只是微不足道的 0.482 亿英镑,但团队表现击败了大球星。

这并不是说你能放松寻求最佳人才的努力,你依然要分秒必争,竞争优势在于使组织能力大于局部的总和。正是组织这种整合和互补的特性创造出了竞争优势。如果公司只是专注在人才上,而没能理解并关注打造和优化组织工作,那么它的竞争优势将被严重束缚。

这种个人相对于组织的思考方向有着深远的意义。如果某公司说自己有"人员"或"人力资源"战略,那么问题就是"你公司的人员指的是什么,他们指的是单独意义上的个体人才,还是复数意义上的团队和组织中的人"。这种区分甚至可以影响到如何选择大学的专业,比如一名大学辅导员问大一新生:"你想主修什么学科?"学生回答道:"我对人感兴趣。"辅导员也许就会问:"你说的人指的是什么?"新生会回答:"就是一个个的人,他们如何思考和行动。"辅导员问道:"如果你说的人指的是一个个的人,那么你也许会想修心理学。"如果新生对刚才第一个问题的回答是

"你知道，就是团队和组织中的人"，那么辅导员会答道："哦，如果你说的人是组织意义上的，那么你也许应该学经济学（公司的理论）或者社会学（植根于经济学）。"管理个体的人和管理组织意义上的人所需要的理论与方法就是如此不同。

从各个角度来看，人力资源专业人士和领导者都要了解人才和组织有着兼容但又迥异的工作内容，这一点非常重要。竞争优势的确立依靠的是打造有能力的组织而不是个体人才。

组织能力：概念

组织有很多不同的定义解读，组织结构定义法可能是其中被引用最多的一个。关注于组织结构方面的人强调如何按照不同的领域来区分专门的活动，比如地域、产品、市场、技术和功能。他们进一步提出另一个替代观点即横向单元可以被再次整合（比如层级、会议、轮岗工作、整合的目的、相同的价值观或文化、兼容的目标和衡量方法、信息共享和控制以及跨部门的工作团队）。按照这个思路，人们讨论的是如何在纵向上给组织分组，相关问题有"一个公司的管理层需要多少层""一个经理带多少人最合理""每一层的决策度应该给多大"，然后他们再讨论如何协同不同的层级。这样垂直的管理机制会运用到巡查、公司大会、授权、简化机构、分解任务、上下沟通和员工调查等管理方法中。

其他有关组织的定义方法还有以下几个方面。

- **流程定义法**：组织被认为是一组按部就班的流程，从客户的要求开始，到市场销售和服务环节结束。这个方法和价值链方法一致，即价值链中的每个环节都被确认并强调为竞争优势中的潜在提升部分。
- **文化定义法**：组织被认为是共享的价值观、信念和假设的集合，它赋予员工及客户关注点、协同、意义和目标。
- **系统定义法**：组织被认为是由一系列人力资源、领导力和组织工作整合而成的，用以实现组织的战略方向。这种方法随着经典著作《追求卓越》的出版而流行起来，并最终成为麦肯锡的 7S 模型和其他相关模型的基础。
- **核心能力定义法**：组织被认为是一系列客户最看重的技术能力的组合（比如设计和生产内燃机）。在这种方法中，技术知识被挖掘并充分利用以创造竞争优势。
- **战略目标定义法**：组织被认为是战略目标得以实现的机制。目标体现的是决定组织及其成员能否从社会中得到回馈的市场力量，只有当目标达成时，社会才会允许其组织生存。

我们认为，对组织概念最深刻有力的解读是"组织能力法"。在达成为利益相关者创造价值的战略过程中，组织所擅长的方方面面可以被称为能力。它包括组织如何通过整合了的基础流程、结构、激励机制、技能、培训和信息流来组合员工的集体智慧与行动。我们关于组织能力的定义方法是之前所有方法的集合。为此我们提供了一套逻辑，能够优化实现竞争优势以及业务成功的可能性。我们提出了以下四步流程。

第一步：公司首先需要定义能够满足客户和股东需要的组织能力。

第二步：公司要定义能够满足基于市场导向所需的核心技术能力。

第三步：为了最大程度地善用这些技术能力，指引员工实现市场导向的业务结果，公司必须明确它所需要的文化，即人们如何共同思考和行动才能与市场需求保持一致。

第四步：设计和实施组织内工作的整套体系来建立公司的核心技术能力，并鼓励员工在个体和集体层面都能用满足客户与股东需求的方式来思考及行动。

组织能力：应用

我们的讨论从提出前提开始，即组织的存在是为了实现基本的社会目的，主要体现在客户和股东的需要上。如果一家公司无法实现社会意义上的目标及其他目标，那么客户和股东会撤回他们的投资。所以组织能力要从外界开始定义。由此引出的问题是：**你的公司是否比竞争对手有更强的组织能力来保证其可以满足市场现在和未来的要求？**

第一步：定义所需的组织能力

在这个前提下，我们当然知道不是所有的客户都同等重要，因此首要任务是清晰地了解对你最重要的当前及未来客户的需求。另外，定义公司的组织能力也会用到一些其他指标，包括股东期待、流程或产品技术、产业的经济大环境、供应商的市场地位、行业的竞争程度、全球化、人力资本的充足性、产品生命周期趋势以及技术更新的速度。

在 2016 年所做的 HRCS 中，我们找到了 11 个能够指引或影响组织表现的基本组织能力。我们对 11 项能力做了因素分析，并把它们归为三类，从它们对业务结果的影响度和表现优异与否方面做了一幅矩阵图，如图 3-1 所示。在这幅矩阵图中，我们依然将它们分到了三大能力类别中。

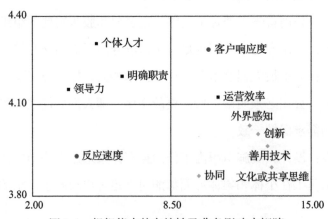

图 3-1 组织能力的有效性及业务影响力矩阵

将这 11 项能力归类的三个类别是：基于市场的创新、基于客户需求的速度以及人力资本。

1. 基于市场的创新

基于市场的创新能力类别包括外界感知、创新、善用技术、协同和文化或共享思维。所有这些基于市场的创新能力在企业中的表现都低于平均值，但对业务的影响力高于平均值。GE、黑石和联合利华等公司在善用技术（比如大数据分析）上一直积极进取，以此感知外部市场趋势。它们还不断地对市场的定性信息进行研究，以解读当前的市场偏好并明确未来趋势。凭借内部和外部的联盟，它们将此类信息所代表的价值融入公司文化，这些联盟也许来自团队、跨团队、跨级别管理层、新收购的公司，也许是供应商、客户、咨询师和其他技术专家等外部利益相关者。有了如此丰富并覆盖完善的来自实际市场的信息流，这些公司得以赶在竞争对手前进行创新，并创造当前及未来的竞争优势。

2. 基于客户需求的速度

基于客户需求的速度能力类别包括客户响应度和反应速度。

客户响应度和反应速度以及其业务影响力的不同表现是值得注意的事情。公司在响应客户需求方面相对做得不错，带来了高于平均值的业绩。公司通常做得不太有效的是响应的速度和灵活性。正确地响应客户比快速地响应更重要。这也是苹果公司和塔塔咨询服务公司（TCS）的战略。当三星不断地将新款手机推向市场时，苹果公司致力于确保产品的精心设计以让客户激动不已并念念不忘。TCS 意识到它的品牌依赖于咨询服务的质量，在转入物联网、大数据和降低碳足迹的服务时，它做得既精准又细心。TCS 由此创造了在零售、保健、财务服务和其他市场领域的数字竞争优势。

3. 人力资本

人力资本能力类别包括个体人才、领导力、明确职责和运营效率。

在这个类别中，我们发现在高运营效率下，个体人才和领导者都能够为任务的完成承担起责任。人力资本能力类别中有两个特性值得关注。第一，个体人才、领导力和明确职责虽然表现得不错，但在对业务结果的影响方面低于平均值，因此它们在创造竞争优势方面的机会较小。第二，在这三项中，运营效率是唯一一个对业务结果的影响高于平均值的。明确职责很重要，公司在这方面一般都做得不错。

一旦公司的组织能力被明确地甄选出来，接下来就是制定衡量每项成功与否的评估指标。这些评估指标可以被用于跟踪进度，与客户和股东沟通相关能力，发现需要改进的点，进一步明确相关组织能力在运作上的定义，以及提供绩效管理和奖励的依据。比如，创新能力也许就可以将最近三年新研发产品的销售额作为评估指标，客户响应度也许可以将客户服务指数作为评估指标。其他的组织能力评估都应该与每家公司对自己所需能力的概念定义保持一致。

第二步：打造技术能力

实质上，每个行业的基石都包括一项核心技术能力。在石油行业，公司必须知道如何发现石油储存（地理学）、勘探开采储存（机械工程）、提炼原油并加工成汽油（化学工程）以及销售汽油及其他产品（分销物流）。在制药行业，公司在分子生物化学和药物基因组学（对于某种药物治疗，人体的基因会如何反应）方面是行家。对于这些公司，其他所有活动都建立在技术能力上。没有这些核心技能，公司也将不复存在。然而，技术知识的更新越来越快，这意味着技术知识将越来越少地被当作一项竞争优势。关键的因素不是你拥有技术人才，而是你创造和使用技术知识的能力，这是组织能力层面的问题。

不管怎样，公司都应该好好盘点一下自己的技术能力在品质和数量上的竞争力。

第三步：明确文化能力

文化概念恐怕是在商业领域里被引用得最广泛的、争议最多的、表述最肤浅但大家都知道无比重要的词。2014年"文化"一词被韦氏公司选为当年的年度词。在德勤的2015年全球人力资本展望报告中，高管表示文化是他们最重要、最有挑战性的工作。大众媒体津津乐道文化如何在公司的成功中起主导作用，这些轶事传闻涉及几乎各个行业。比如汽车业有丰田，交通业有西南航空，制药业有强生，投行业有黑石，快消品业有宝洁。比各种故事更重要的也许是支持文化在公司业绩中起重要作用理论的无数实证研究，比如有一篇文章指出，CEO的个性首先会影响到公司业绩，因为它就是通过公司文化的形式传递出去的。

相对于它的重要性，"文化"一词竟然没有准确清晰的定义，这一点确实让人有些吃惊。很多定义是这样的：信念、准则、价值观、行为、客户、知识、假设、共享的推理方式、器物、象征和社会结构等，还可以继续引申下去。2016年的前六个月，《哈佛商业评论》每期至少有一篇文章在探讨文化的某个方面，内容涉及忽略文化（"你修正不了文化"）以及强调诸如协同、同理心、情感、创新、独特、灵活和激进等各种文化风格。

虽然有争议，但在文化的定义上研究最广泛的是博厄斯和克拉克洪。他们回顾并总结了跨越社会学、人类学、经济学和心理学领域的164个文化的定义，他们的研究成果提供了很多信息。164项中的4%是将文化定义为共同的思考方式（集体思想、价值观和主意），37%是将文化定义为行为（行为模式、共有的习惯、团体的问题解决和达成结果的活动）。值得注意的是，49%的文化定义指出，社会团体如何分享共同的思考和行为方式才是文化的最好诠释。

在以上理论和实证工作之上，根据我们对数百家公司在文化工作方面的研究，我们认为在组织环境中思考文化是有效的途径：文化同时是被感知的概念和现实中实际存在的概念。在这个结论中，所有被用来描述文化的词语都是基于观念的,它们是描述行为集成的语言学上的分类。

比如,假设迪士尼想要创造客户响应度的组织能力,便要创造一种能打造并保持这种组织能力的文化。如果你问去过迪士尼乐园的人"你会用什么词来描述迪士尼的文化",大多数人会回答"友善"。可实际上迪士尼的员工并不一定是友善的。迪士尼的客人所看到的是迪士尼的员工在用某种方式行事,然后他们就在头脑中下了结论,认为迪士尼的员工是友善的。"友善"就是迪士尼想要在客户头脑中形成的概念(观念)。然而,这些观念是在人们体验到迪士尼的员工如何集体行事的现实后产生的。文化的概念就在观察者的头脑中,文化的现实就在员工的行为举止里。这适用于理解所有与文化有关的词语,比如快速、积极回应、敏感、雄心勃勃、有风格、执着、坚韧、创造力、有效、无畏、协同等,它们是描述行为集成的语言学上的分类。

创造文化观念:案例

我们熟知的一家公司希望自己在客户头脑中的形象是"有纪律的创新",于是这家公司问自己:"我们的员工应该如何行动,才能让我们的客户认为有纪律的创新是描述公司形象的最佳词汇?"对于这家公司,相关行为包括以下几方面。

当错误发生时,有关团队开会讨论为什么会做出错误的决定(比如是否由于缺乏信息、知识或逻辑),以及未来如何做才能避免错误再次发生。

当面对变革举措时,人们会让变化在既定的业绩表现范围内和时间框架内发生。

当会议、报告、决议和书面流程阻碍了行动速度与对客户的反应时,人们要开会讨论如何消除阻碍,并做相关决策。

通过与外部专家和信息来源方沟通,建立全球网络和伙伴机制以获取新的想法。这些网络在制定良好的决策以及创造新的市场机会方面被充分使用。

每个部门都把自身的工作方法和结果与公司内外的最佳实践案例做比对，看看如何缩小差距，跟踪进度。组织内外最佳案例分享的论坛活动。

通过这样的思路流程，公司可以切实把握文化的强大理念以及融合在人们的思考、行为中的文化现实。所有这些都建立在客户以及其他利益相关者的要求之上。

第四步：实施组织工作

在之前的三个步骤中，我们列举了基于客户需求和其他相关情境下的组织能力及其相应的考核方法，接着描述了能够打造和保持组织能力的技术与文化能力。第四步我们将总结塑造技术技能和与文化相对应的行为所需的组织工作，这些工作能够帮助组织取得满足第一步所描述的组织能力评估指标的业绩。

组织工作可以分为六类。我们在之前的著作中充分讨论过关于它们的大量细节，在本书接下来的篇幅中我们将继续做细致的讨论。简单总结一下，六类工作包括的具体内容如下。

人员配置：包括聘用、转岗、发展和离职的常规管理流程。

考核和激励：包括目标设定，绩效管理，工作成果和行为的考核，物质和非物质的激励手段。

培训和发展：包括课堂内外的培训以及工作岗位上的人员发展。

信息管理：包括内部信息的流动，以及外部信息的协调、传播和利用。

结构和流程：包括组织架构的各个层面，含水平和垂直方向的分割和整合，以及在全公司内统一价值链下的个人工作流程的设计。

领导力：最后但同样重要的这一项，包括既能在短期内发展和善用领导力人才，也能确保拥有才华和结果导向兼备的长期领导力后备人才。

第四步首先要考虑的是在上述的组织、领导力和人力资源工作中，有多少可以在合理的时间范围内被重新设计和实施。答案当然是所有创造组织能力所需要的方面。马克·休斯里德所做的研究显示，在能达成良好业绩表现的工作（上述所列的基本都涵盖了）中，如果有 77% 的实施了，影响业务的拐点就出现了。

另外要考虑的是这些工作中哪些与技术技能、文化行为以及组织能力的考核指标不符。一个简单的 3 分打分法就能做到，1 分为最高，3 分为最低。

还有需要考虑的是这些工作中有哪些在与组织文化的要求达成一致后有最大的影响力。这也可以用一个 3 分打分法来完成。在这个评估里，3 分为最高，1 分为最低。背后的假设是并非所有的工作都有着相同的影响力。例如，一家公司想要提升工作效率，它一开始应该不会进行人员配置和提拔，它首先要被评估的工作应该是工作流程（"结构和流程"部分）。如果工作流程的内部设置冗长低速，有很多不必要的步骤，那么首先要做的是对症下药，要放在其他工作（比如考核和奖励）之前。

接下来你就能把这两个评估中的结果相乘，得出的结果告诉我们哪些工作与所需的组织能力不符，哪些在调整之后会有最大的影响力。

组织能力：评估

让我们用一个组织能力的评估案例来结束此章。你可以用此方法来评估之前描述的 11 项组织能力在你的公司内的现状。这个评估是要了解你的公司在具体的组织能力上与竞争对手相比做得如何，内容可以根据你公司的组织能力要求做相应调整。下表可以帮助你开始设计自己公司的问卷内容。

评估的建议打分说明如下。

1. 我的公司在行业中组织能力明显低于其他公司。

2. 我的公司在行业中有些方面低于其他公司。

3. 我的公司和其他公司做得一样好。

4. 我的公司在这个领域中的某些方面高于其他公司。

5. 我的公司在这个领域中是最好的。

客户响应度	1	2	3	4	5
我们擅长与目标客户建立长期信任的关系					
所有员工都能在自己的工作和外部客户价值之间建立联系					
客户在寻求问题解答或解决问题时体验到最低程度的不顺利					

外界感知	1	2	3	4	5
我们不断地获取量化和非量化的信息,时刻保持与市场现状的接触					
我们把客户信息带到所有员工的直接工作体验中					
我们在组织范围内沟通正面或负面的市场表现					

创新	1	2	3	4	5
我们擅长创造能驱动增长的新产品和服务					
我们预见到未来市场趋势,并在它们发生前做出回应					
员工知道如何在组织内引导新想法落地实施					

反应速度	1	2	3	4	5
我们根据市场环境的变化迅速重构组织					
我们迅速消除影响组织速度和灵活度的障碍					
我们在迅速完成变革方面做得很好					

文化	1	2	3	4	5
我们根据目标客户的需求从外至内地定义文化					
我们将文化要求分解为具体的能够带动业务结果的有竞争力的行为					
我们确保组织工作与所需的文化保持一致					

协同	1	2	3	4	5
我们和目标客户共创新产品与服务					
我们鼓励实施团队和部门内部与跨部门的合作					
信息在组织内被分享,从而使我们的组织智慧高于个人智慧的总和					

善用技术	1	2	3	4	5
我们运用社交媒体来提升品牌覆盖率					
我们的信息系统能够在正确的时间将正确的信息传递到正确的人手上					
我们运用大数据分析来找到市场的机会点					

运营效率	1	2	3	4	5
我们不断回顾如何降低运营成本					
我们明确定义了流程,并不断改善流程					
员工得到了必要的信息、奖励方案以及培训和衡量指标,可以在最宽松的监管情况下工作					

领导力	1	2	3	4	5
我们的领导选拔流程不受公司政治的影响					
我们有潜在的具有向上流动性的领导梯队					
我们的领导者是符合公司文化要求的榜样					

人才	1	2	3	4	5
我们在最高附加值的技术能力方面有最好的技能					
我们能吸引并挽留最好的人才					
我们为高潜力员工提供有挑战性且有回报的工作任务					

第 4 章

人力资源部的首要任务：信息管理和工作整合

这一章我们要讨论一些在全球范围内都做得不尽如人意的人力资源部的工作，而这些工作如果做好了，就会对利益相关者的价值有最大的潜在影响。由于这些有高度影响力的工作通常只在少数的高绩效公司内实施得不错，因此它们对于许多人力资源和一线经理都显得陌生，但区别人力资源业绩表现的关键也正是这些工作。那些肩负高效人力资源部的设计和实施职责的人——如果有兴趣想确保自身的努力真的在人力资源的整体表现中有所贡献，还有那些有志于创建和维持高绩效的组织的一线高管，这一章对你们尤其重要。

在第 3 章中，我们讨论了当组织作为一个整体而不是个体人才的总和时，才具备竞争优势，并提供了案例，有才干的人力资源专业人士相对于整合出色的人力资源部门，更是如此。表 4-1 是一个回顾（在前两章的表 2-14 和表 3-1 中也分别有相关内容），说明与个体人力资源专业人才的总和相比，人力资源部活动为利益相关者和整体业务结果贡献了更为重要的价值。

这些发现自然引发了接下来的问题：哪一些人力资源部的活动对利益相关者价值以及短期业务表现有最大的影响？哪一些有最大的提升空间？本章和下一章就来解答这些问题。

表 4-1 人力资源专业人士胜任力和人力资源部活动对不同利益相关者的相对重要性

	业务表现	外部客户	投资者/所有者	社区	政策制定者	一线经理	员工
人力资源专业人士胜任力	7.7	19.8	12.2	17.8	22.4	15.3	16.2
人力资源部活动	31	46.5	52.4	52.8	41.7	60.7	59.8
其他变量（如战略、能力、文化）	61.3	33.7	35.4	29.4	35.9	24	24
回归分析 R^2	45.2	52.5	49.5	39.5	36.9	51.6	57.2

注：每行相加之和代表了可以由每个因素类别解释的模型中的差异百分比。

理解关键人力资源部活动

我们将人力资源部活动分为四大类。

- 在信息管理方面，人力资源的角色是参与以确保信息的最佳传递，包括发现、接触、引入、分析和分解重要的外部信息，并协助这些信息在能够影响业务的决策中被使用。
- 人力资源工作整合的重点是业务战略、文化、技术能力和人力资源政策及流程。
- 在员工业绩表现方面，人力资源的工作包括绩效管理、奖励、培训和授权。
- 人力资源分析的重点是用衡量指标来跟踪人力资源业绩积分卡。

在第 2 章中，我们区分了人力资源专业人士与人力资源部对业务表现和利益相关者价值的两种结果。因为这两者的区分对本章和下一章都非常重要，所以我们在此简要回顾。

业务结果的衡量是根据过去三年在几个方面的竞争表现，包括利润率、劳动生产率、新产品开发、客户满意度、员工吸引力和政策合规，这些是回顾过去表现的重要指标。关于市场资本化的研究显示，一家公司未来业绩的 50% 可以从过去的表现中预测，但另外 50% 需依靠能否为利益相关者创造可持续的价值来预测。其中外部利益相关者为客户、投资者、社区和政策制定者,内部利益相关者为一线经理和员工。

表 4-2 显示,当人力资源部希望在短期业务结果上发挥最大的作用时,需要关注员工绩效方面的工作,包括考核、奖励、培训和授权。它们本身常常就是为激发短期业务结果而设计并实施的,所以和短期业绩之间的关系合乎情理。

表 4-2 人力资源部活动在不同利益相关者中的相对影响力

	业务表现	外部客户	投资者/所有者	社区	政策制定者	一线经理	员工
绩效管理中的人力资源工作	**44.1**	(6.5)	10	16.2	(6.1)	15.3	**19**
人力资源工作整合	16.9	**21.6**	**30.8**	**28.5**	**33.6**	**57.2**	**56.1**
人力资源分析	17.3	**26.7**	23.3	18.1	**31**	15.2	(13.2)
人力资源信息管理	21.7	**45.2**	**35.9**	**37.2**	**29.4**	12.2	11.7
人力资源部活动的总百分比	31	46.5	52.4	52.8	41.7	60.7	59.8

注:每行相加之和代表了可以由每个因素类别解释的模型中的差异百分比。加黑字体为统计上有重要意义的数值,括号中的数值代表负数。

如果要为政策制定者、一线经理和员工创造价值,人力资源部就应该关注人力资源工作整合这项任务。这些利益相关者希望人力资源部提供可预见的、一致的并容易理解的整合工作。

如果要为外部客户、投资者和社区创造价值,人力资源部的重点就应该是优化整个机构内的信息流。在今天信息发达的大环境下,管理和利用外部信息的流动是维持绩效表现的首要环节。

人力资源分析对于短期业务结果和利益相关者价值的影响都相对较小。本章和下一章会详细讨论这些有点儿让人意外的结果。

人力资源活动中最大的机会

为了发现人力资源部中哪些活动存在较大的改进空间,我们计算了每一项活动的平均有效性分值（见表 4-3）。

表 4-3 人力资源部活动的相对有效性

人力资源部活动	平均值
人力资源整合	3.93
人力资源分析	3.57
绩效管理中的人力资源工作	3.52
人力资源信息管理	3.49

从表 4-3 中可以看出，人力资源部最有效的活动是整合工作，其他活动都在 3.5 分左右，其中人力资源信息管理排在最后。

从这些信息中可以得出四个大致的结论。

- 人力资源整合为政策制定者、一线经理和员工创造了最多的价值，并且在有效性方面做得最好。
- 人力资源在员工绩效管理中的工作通常有中等有效性，但是对短期业务结果的影响最大。
- 人力资源信息管理为客户、股东和社区创造了最大的价值，但是在全球范围内都做得最不尽如人意。考虑到这项活动做得最不好，但又对利益相关者有最大的潜在价值，我们将为此做详细的描述和深入的分析。
- 人力资源分析这项工作做得一般，对短期业务结果和可持续的利益相关者价值的影响也不大。

这些结果促使人力资源部要考虑几个关键问题。第一个最基本的问题是"人力资源的客户是谁，是从外部购买我们产品的客户还是内部客户"，服务好其中一个并不意味着另一个也同样满意。第二个问题是，人力资源部应该关注短期业务结果还是可持续的、长期的价值产出？第三个问题是，我们有多认真地看待我们业务伙伴的期望？很多年来，人力资源一直在说要做业务伙伴。也许描述这个愿望更准确的说法是在业务中成为伙伴。如果这确实是人力资源的愿望，那么作为业务伙伴的客户就是外部客户。公司的存在不是为了让经理和员工满意，公司的使命或目的是让外部利益相关者满意。

之前的数据表明了人力资源部活动中有哪些为利益相关者创造了价值。值得注意的是，它们之间很多是互不相关的。人力资源专业人士显然必须与一线管理层和员工密切合作，但是数据显示人力资源专业人士可以在不必为组织目标做出巨大贡献的情况下就能为它们创造价值。找到平衡是关键。在接下来的章节里，我们会谈到矛盾疏导者这类人力资源专业人士通向成功所必须掌握的技能。

人力资源在信息管理中的角色

人力资源在信息管理中扮演的角色很重要，相当引人注目却也有些出人意料。在四个主要的人力资源活动中，这部分是人力资源部做得不够好的工作，所以显得更加重要。

需要注意的是，信息管理的初衷不是让人力资源自身去应用信息，而是让人力资源扮演帮助设计和引导信息流在组织内传递的角色。

要解释为什么人力资源在信息管理中的角色如此重要，我们需要先阐明当今信息环境的本质。在这个部分，我们将讨论当今信息如此丰富的环境有哪些主要特点，以及它们对商业模式、组织设计和人才的转型意味着什么。我们接下来要提供基于数据所得出的信息管理框架，以及人力资源在运用此框架时如何更好地参与的一些步骤。

信息环境

几乎所有人在谈到引发商业本质变革的主要潮流时，都会提到信息。信息是一个比信息技术宽泛得多的概念。它包括了事实或知识的产生，并从一种资源传递到另一种资源，被加以分析，创造出有用的想法，最终被运用以创造经济或社会价值。与此相关的工作包括设计和实施硬件与软件流程，使公司最终可以利用信息来创造竞争优势。从这一点来看，信息方面的工作和技术相关，但远远超越了技术本身。

公司内部和公司之间的信息流动有四个方面的特点：速度、扩张、无处不在和结构化。

（1）速度。信息的速度就和出了枪膛的子弹一样，从快到更快，快过思维的速度。摩尔定律常被用来当作例子。1965年，戈登·摩尔预测信息的加工速度每过两年就会翻一番。这个预测结果在18个月内就实现了。一直到2016年，信息的加工速度在接下来的年份中增加了百分之4.8万亿。2015年互联网上的1分钟，谷歌就产生了240万次的搜索量，脸书登录701 389次，1.5亿封电子邮件被发出。到了2015年12月，你需要花5年时间才能浏览完互联网上1秒中传送出来的视频内容。

信息的加工速度层面在业务经营的每个方面也都有体现。从脸书上出现第一条消息后的10年间，有比整个中国人口还多的人创建了脸书账号。2013～2015年，《华尔街日报》国际版网页的流量从21%增加到了33%。为了响应已经习惯了高速度运输的客户的需要，联邦快递提供了每个包裹的即时跟踪查询系统。最后，人们会因为一个网站比竞争对手慢1秒甚至半秒就有弃之而去的趋势。

（2）扩张。如今，地球上拥有超过10亿台交换机。到2020年，将有44ZB的数据存储可供使用，这基本上足够存录人类有史以来所有讲过的话或写过的文字了。如果这些内容以单行间距被打印出来，那么所需的页码可以从地球到月球来回79 000次。总部在美国的Acxiom公司为顾客提供的数据服务，涉及5亿个客户多方面的1500个数据种类，包含500亿次数据交换。1997年，全世界只有2%的人口上网。2016年，上网人口达到40%。在美国，这个数字达到了98%。SpaceX和OneWeb公司互相竞争着要用廉价的低空卫星为地球剩下的60%的人口提供快速且高质量的网络服务。2009～2014年，跨国界的Skype通话次数增加了500%，传统的通话次数却只增加了区区4%。这些都得益于自2005年以来增加了4500%的跨境宽带服务。

（3）无处不在。物联网是推动信息行业发展的技术，已经可以使机器摆脱它的人类创造者了。信息处理使人类干预最小化的机器对机器的沟通得以实现。思科公司预测，截至2020年，500亿件"物品"将可以互相沟通。通过应用物联网运算法则，GE可以在飞机飞行的时候跟踪它的功能。这样当GE发现部件需要修理时，就可以在飞机降落前准备好配件，因此缩短了飞机停留在地面的时间，从而能够减少每年60 000次延误，大大提高了GE客户的营业额。也许关于物联网最有名的案例是快速增长的"智能汽车"趋势。由谷歌引领，一辆智能汽车装配了相当于20台个人电脑的计算能力。这能让智能汽车和其他机器沟通，找到停车位，确认回家最快捷的路线，提示交通危险，当交警出现时及时提示，在最安全的速度下行驶在最安全的车道上。

（4）结构化。在纷乱如麻的信息中，首要的挑战是找到可以被运用并帮助决策的信息模式。根据人们接触和分析的是结构化信息还是非结构化信息，我们可以找到区别信息模式的机制。

- **结构化信息**是可以归类到表格中的信息。大数据分析促进了能帮助企业和政府决策的结构化数据的分析。结构化的大数据趋于稳定、可预测并以事实为基础。这些数据可以被分类和解读。因为它数字化的特性，人们也较容易对其解读达成共识。比如，通过找到你的网购习惯，并把你的习惯和其他上百万名网购者的习惯做比较，亚马逊可以向你推荐你可能会想购买的产品。运用面部识别技术，GAP将能确认你是谁，你穿的衣服和相关购买习惯，并向你推荐你最可能感兴趣的产品。结构化信息使用的是能做出可预见性分析的运算法则及大规模数值。比如，健康领域的可预见分析使快速诊断成为可能，它降低了患者的就诊时间，确保了更高的设备使用率，并优化了医疗机构的流程。

- **非结构化信息**：世界上超大量的信息是以非结构化的方式存在的，它们不能被量化或用一张表格表示出来。与结构化信息相反，非结构化信息不稳定、可预测性低，它们的模式很难被找到，也很难被清楚地诠释。因此，对非结构化信息的意义和影响达成共识是一件很难的事，但是它创造了找到竞争优势的机会。非结构化信息有两种形式：电子形式和人际沟通形式。

1）电子形式：电子形式的非结构化信息常出现在 YouTube 视频、线上聊天室、电子邮件、高管的讲话或医疗记录里。虽然寻找这种信息模式的分析流程还只有雏形，但在 Hadoop、nSpace2 和文字模式运算法（标签云）方面已经有了很多进展。例如 J.P. 摩根公司的做法是让各级别的员工思考和讨论如何将基于语言的运算法则运用到会议纪要、讲话和电子邮件中。

2）基于人际沟通的非结构化信息存在的形式有：礼堂集会、社交网络、电话以及会议。通过这些方式，很多思想火花迸发了，但大多数又很快地熄灭了。一家公司如何在数千个偶然传播的人际沟通中捕捉有见地的、专注的、自发而又稍纵即逝的信息呢？对于如何能通过"有计划的自发性"来引导、获取并利用社交中的非结构化信息，诸如黑石、辉瑞制药和美国道富银行等公司在此方面走在了前面，它们在研发定义准确、有纪律但又灵活、有高度影响力的"社交运算法则"。这些公司认为，大量能促进竞争优势的信息也许这样就能被筛选出来。本章之后会介绍它们是如何做的。

这些不同的信息类别对人力资源部有着深远的寓意。人力资源部也许可以打造出一种组织能力来让个体人才能够在线上收集信息，分析结构化信息并在线上格式化非结构化数据。这样做能极大地改变一家公司的竞争优势。对于人力资源部，更重要的是它们能在打造某种社会机制中发挥潜在的主导作用，这种机制能产生、分享和使用基于人际沟通的非结构化信息。

对商业模式、组织设计和人才管理的影响

基本上所有行业都因为信息革命而面临机会和威胁并存的转型。自 1997 年开始，高度数字化的行业比如媒体、财务、保险和信息技术都增长了四倍，而其他行业几乎完全跟不上。传统的行业壁垒在消失，新产业层出不穷。亚马逊以卖书起家，现在几乎什么都卖。谷歌从搜索引擎服务拓展到了生物技术研究、风险投资和长寿研究。以下是商业模式被打乱的五个案例。

- **分销渠道控制**：由网络控制的分销体系大幅度扩张，使得脸书、iTunes、易贝和爱彼迎的销售额都有显著增长。Craigslist 使客户不用找房地产中介就能快速有效地出租公寓。2000～2014 年，酒店的网上预订量增加了 10%，但在美国，旅行社的数量下降了 48%。
- **基于成本的效率**：那些能够利用网络来降低成本的公司都取得了巨大的成功。传统的电话运营商被淘汰了，Skype 接管了价值 370 亿美元的通信量。在欧洲，通过比较线上产品的价格，消费者将数十亿欧元花在了折扣零售商那里，而不是传统的大型零售商那里。通过提供价格低得多的汽车服务，优步在七年内从只有一名司机增长到 327 000 名司机。也许更了不起的是维基百科，现在它是世界上最大的知识宝库，基本上已经取代了传统意义上的百科全书和年鉴。它由不拿报酬的志愿者撰写和维持，免费面向所有人。
- **创新**：基于网络的创新活动是这一代人的标志。比如 Linux，这个源代码开放的软件，是由数千名义务工作的程序员创造出来的，他们从来没有在同一时间出现在同一地方。它已经成了手机产品的主导软件，现在更是将触角延伸到非常广泛的领域，大型动画和视觉效果公司里有超过 95% 的服务器与个人电脑使用它来制作电影。随着第一个 App 的诞生，现在已经有超过 150 万个 App 上线。网上商机和创造力的交汇引领了韩国 OKCashbag 公司研制了一款手机 App，可以帮助超过 50 000 个商家获得并分类商品促销信息。
- **全球化**：2014 年，全球有 2.8 万亿美元的 GDP 产生于信息流，大于实物贸易的影响。数字平台尤其能让中小型企业（SME）接触到全球市场，快速地扩大其客户群的来源。易贝前 1000 家卖家里，有 35% 积极活跃在跨境贸易中。
- **服务质量**：由于客户可以在网络上发布评论，服务的质量变得透明了许多。例如，联合国世界旅游组织预测在全球发达国家中有 70%～92% 的游客认为网上评论是他们预订酒店时的重要参考。途鹰网目前每月有 3.4 亿名访客、3.5 亿条评论，覆盖全球 48 个国家或地区的 650 家酒店餐厅和旅游景点。

信息革命对组织的影响

信息革命对如何组织的逻辑都有重大的影响，这些影响涉及结构扁平化、更多的授权、集中采购和基于网络的价值链。

- **扁平化和更多的授权**：组织将削减组织结构的层级数，提高每个级别的汇报人数，使用信息技术来加速个人和团队的学习，跟踪业绩结果，提供反馈并引导流程的改进。一家知名的投资公司定期举行高管会议，并邀请所有员工参加。对于无法参加的员工，会议录音会被放在公司内部网上。这样高管就可以和前线员工直接沟通，降低对管理层中间级别的需要。也许最引人注目的例子是 Zappos 公司，这家在线上销售鞋子的公司通过合弄制（holacracy）消除了公司等级，将职权完全下放给员工。合弄制企业是指组织在个人、团队和组织层面都完全自我管理。在 Zappos 公司中，合弄制依靠公司的信息系统 Glass Frog 运行，这个系统明确了员工的角色、活动、职责和业绩管理指标。它管理着员工业绩并针对业绩标准提供反馈。

- **集中采购**：在 20 世纪 90 年代，耐克公司首先意识到市场资本化可以通过公司只做核心业务同时外包其他业务的方式得到提高。耐克目前只专注于那些创造最大价值的业务活动，比如产品设计、品牌营销和市场营销，其他活动都通过供应商和分销商网络外包。这种"耐克模式"（Nike-fication）的内在矛盾是，一方面股东希望享受到集中式财富创造的活动所带来的好处，另一方面他们也要求全球分销价值链能够通过社交网络实现社会公平。社会责任和盈利的平衡有可能通过生机蓬勃的信息系统来实现。

- **基于网络的价值链**：与"耐克模式"一脉相承的是许多全球性新公司都能通过创造和利用基于网络的价值链迅速扩大规模。这些价值链由充满生机的整合信息流组合起来。CoModule 公司是一家设计、生产与销售电动自行车和小轮摩托车的欧洲公司，它的产品设计源于爱沙尼亚，资金来自德国，零件在中国生产，新款上市则在巴塞罗那。延续不断的信息流把公司凝聚在一起，是其成功的关键。

信息时代对人才的新要求

由于商业模式和组织设计的变化，公司和个人都在努力应对信息时代对人才的新要求。2000～2014年，有250万个传统的生产和交易职业消失了。在60%的工作中，其中30%以上的工作方式被自动化，这些工作包括放射师、设计工程师、市场研究员和人力资源专业人士。他们逐渐被大数据分析师、社交媒体专家、云存储建造者、App开发员以及其他形式的信息专家取代。软件工程师的工作在2024年前会增长18.8%，是整体工作增长的3倍。对信息专家需求的增长速度，还可以大体反映在工资上，信息行业的工资增长是美国平均工资增长的两倍。这些趋势又被技能上的差距加重了。埃森哲和GE对半数的工业、能源和医疗服务行业的调查表明，这些行业在信息的采集、分析和整合上都有着明显的技能差距。

新的认知模式和思维方式

随着新出现的技术方面的技能要求，新的认知模式也随之出现。我们看到与工作相关的思维方式也在变化中。这些变化包括从量化的信息中找出真相，从非量化的信息中解读规律，从狭隘集中的线性思维过渡到平行整合，从数据系统的搭建到在复杂的信息中将故事线索视觉化，从运用图表运算到挖掘非结构化数据的信息。

这些新的思维方式会使人才短缺，但以下这些新兴的趋势能缓解人才短缺的情况。

- 找到人才能发挥最大社会和经济价值的方面并妥善部署他们，这样劳动力市场就会变得日益高效。劳动力市场效率由信息技术主导，它能高效识别有才干的人，并将他们匹配到最需要他们的地方。网上人才招聘网页诸如领英、Monster.com以及Indeed.com都汇聚了可用人才的信息。这使得公司可以先行一步去找人，哪怕它们还没有进入市场。公司还可以通过像 Innocentive.com 这样的众包网站暂时接触到核心人才的信息，将高端技术问题（比如治疗渐冻症）与在网络上可以找到的任何相关人员（比如 Seward Rutkove 医生）匹配，并提供相应的资金激励（比如为 Rutkove 医生对渐冻症的研究提供 100 万美元）。宝洁和 IBM 都设立了类似的网站来收集网上的信息。另外，还有 4400 万人通过 Freelancer.com、Upwork.com 和其他数据平台搜寻自由职业性质的工作。所有这些依靠信息得以产生的方法和途径都有效地将劳动供给与需求结合在了一起。

- 公司内外部不断涌现的学习手段使员工可以快速地得到技能上的发展。公司越来越趋向于让员工个人承担起职业发展的责任。随着技术更新的速度越来越快，员工必须持续与时俱进。公司可以提供自我管理的自学网站来帮助员工在空闲时间提升技能。像 Lynda.com、可汗学院和 GCFlearnfree.org 都提供各级免费或收费很低的学习项目。

- 好消息是有相当一批网络新一代 NetGenners 对数据很敏感的 "00 后" 加入这一潮流，他们大都具备技术能力和认知能力，填补了人才差距。他们在信息处理上反应迅速，其本性中就有协同合作精神，能在全球范围内分享信息。他们对知识充满好奇，认知思维灵活，善于同时处理多项任务。可是他们也可能满足于宅在家里（就是不爱出门），不重视知识产权，以自我为中心（就算在推广社会和经济公正性的时候也是这样）。总之，他们是信息时代的产物，也是信息时代的加速者。

信息管理框架

到目前为止，我们已经集中阐明了信息工作成为人力资源部日益重要的关注点的大致原因，我们也提供了数据重点来说明客户、投资者和商品价值之间的数据统计关系，以及人力资源在信息管理中的角色。在进入可执行的人力资源具体工作的讨论之前，我们有必要审视在更大的组织背景下，人力资源在信息管理中的角色。

人力资源部在信息管理中的角色

人力资源部可以扮演与信息管理工作相关的不同角色：中心协调者、主要支持者或者基础实现者。其他部门毫无疑问也扮演着重要角色，而且扮演每个角色都有自己的优势和局限。例如，IT部门是负责信息流通管道的。他们倾向于关注信息的技术层面，而较少关注信息的整体流动以及在整个机构对其利用。市场部有获取和分析市场信息的直接责任，许多市场部门却较少强调对信息的全面优先排序、分解、分享、讨论和利用。公共事务与投资者关系部门负责跟踪和分析资本市场的信息、商品的风险和公司对政策规章的理解。财务部首要感兴趣的是收集和加工财务数据，却通常较少关心竞争市场的信息。因此，概念化、协调、整合和将信息逻辑融入组织的专门职责，依然是模糊却又对组织的成功至关重要的。我们的研究数据和咨询工作经验都清楚地显示出，在帮助公司在信息日益丰富的环境中取得成功方面，人力资源部可以扮演极其重要的角色。

具体活动

在动荡的信息环境下，以及随之而来的商业模式、组织设计和人才要求的快速变化中，我们来整理一下能使人力资源部成为信息管理必要部分的具体工作。在研究中，我们发现并衡量了人力资源部可以为企业信息管理能力增加价值的九项行动⊖，并将它们归纳到一个可以操作的五步流程中

⊖ 我们在2017年人力资源部胜任力研究中对以下具体项目进行了静态分析：人力资源部大量参与到识别重要外部信息（社会、政治、技术、经济、行业、客户和竞争趋势）的工作中；人力资源部将外部信息引入组织以进行决策；人力资源部大量参与到识别重要信息模式、产生新想法的工作中；人力资源部确保大数据分析应用在企业决策中；人力资源部大量参与到外部和内部重要信息的整合中，以创建竞争优势；人力资源部大量参与到将重要外部信息带到组织中进行全面分享的过程中；人力资源部制定管理员工接触和使用核心信息的政策；人力资源部确保商业语言的统一使用；人力资源部确保公司在决策中全面地善用信息。

（见图4-1）。

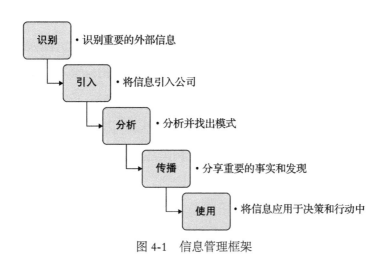

图4-1 信息管理框架

高效的人力资源部会有意识地在这五个步骤中做出贡献。

- **识别**：人力资源部可以帮助公司识别并专注于最重要的外部信息来源。虽然在大多数情况下，人力资源从业人员并不是市场分析专家，但他们可以提出简单且关键又重要的问题，比如"我们如何划分市场""我们如何找到最重要的信息"，还有"我们最应该关注什么样的信息"。Baroid（一家油田服务公司，现在是哈里伯顿公司的一部分）的人力资源部和市场部合作，将市场分组，并引导了收集客户信息的流程，从而帮助公司使市场份额迅速提升。

- **引入**：随着人力资源部的参与，公司能够用创新的手段确保得到最重要的信息，过滤不太重要的信息。比如，联合利华公司雇用了一些在顶尖大学毕业的出色的印度年轻人。为了让他们的心智和情感能联结到印度大众，联合利华让这些培训生到偏远的村庄，和贫苦的当地人一起生活几周或几个月。当他们服务客户或者以后出任联合利华领导岗位的时候，这些经历会给他们很多领悟。

- **分析**：一旦重要信息被识别并引入，接下来的挑战就是用创新的方法分析以产生关键发现。人力资源部可以在领导对数据分析员的聘任和运用上发挥显而易见的作用，它们可以分析不断涌入的结构化和非结构化信息。苹果公司和谷歌在寻找和运用这方面人才以创造竞争优势上有记录完善的案例。另外，Qualtrics 公司和太平洋管理公司的高管还会举办论坛来讨论分析与辨别下一步的趋势。

- **传播**：人力资源部在传播信息方面的活动可以分为三大类。在 GE，人力资源部负责设计员工大会和关注客户的讨论会，在这些活动上沟通分享市场及其他方面的信息。人力资源人员还可以主持一些专门的互动活动，集思广益。在一家领先的财务公司中，负责学习的部门和高层领导者合作，寻找发现全球财经市场上的新动态，为中层经理和高潜力投资者举办跨国论坛，并对这些动态进行论辩。最后要提到的是，由于自我形象和利益的原因，有些掌握信息的人有时不想分享这些信息，而没有掌握信息的人也不想要，这种对立被称为"科尔困境"，它的流传是因为史蒂夫·科尔，即 GE 和高盛的前首席学习官，他是第一个对此问题和解决方法提出明确表述的人。CalSTRS 公司聘用、提拔、挽留那些有分享信息能力的人，希望以此克服这种矛盾。迪士尼运用培训和激励手段来鼓励员工分享信息，以达到跨业务间的优势整合。

- **使用**：如果信息最终没有用在提高决策质量上，那么之前的所有工作都没有意义。人力资源部可以通过将所需行为纳入行为导向的业绩评估体系来鼓励对信息的善用。一种更加聪明的做法是建立一个深具使命感的组织，这样所有各级员工都能在个人层面积极地全面使用信息来达成组织的目标。美国美敦力公司，一家领先的医疗服务和设备公司，就是这么做的。美国美敦力公司每年为它的员工和客户，包括医疗专家和病人组织社交聚会。专家会在会上介绍他们如何使用美国美敦力公司的项目；病人会告诉公司员工他们如何因美国美敦力公司的产品而保全了生命，改变了生活。这些病人通常会在分享结束后表达发自内心的深情感谢。这些表达对美国美敦力公司员工的心灵和情感都有很大的冲击，提升了他们每天在决策和工作中的紧迫感。

行动步骤

为了将之前讨论过的信息工作付诸行动，人力资源部实施了以下几个步骤。

- 显然，从事这方面工作的人力资源人员必须了解企业的核心价值组成，即公司如何利用信息才能做出比竞争对手更好的决策。
- 这项工作的性质就要求人力资源部具有跨部门的视角。因此，人力资源部可以召集来自公司各主要业务部门的一些有想法的人员，组建一个团队。这个团队可以研究记录信息在过去是如何被使用而有效决策的，以及在未来需要如何使用才能创造竞争优势。
- 通过分析这些信息，这个团队可以量身定制一个组织内信息流的模型。
- 接下来可以做一个员工调查，来看看这个模型架构中哪些步骤对公司的成功最重要，哪些步骤最需要提高。
- 有了模型和相关调研数据，这个团队就可以邀请公司高管来详细讨论如何增强信息流及其运用来创造信息优势了。

人力资源的工作整合

本书作者之一曾被邀请观摩一家领先能源公司的两天会议，会上人力资源部要向公司高级执行层汇报人力资源战略。那时，公司已经有两年大幅盈利。这使得人力资源部的每个分部都可以雇用自己的顾问公司来制订本部门最先进的工作方案。在那两天中,每个分部(比如绩效管理、多元化管理、领导力发展、薪酬福利、技术培训、招聘、继任者计划、奖励、组织发展和沟通)的负责人分别陈述了第二年的计划。

当会议快结束时,这位作者被邀请分享他的观察结果。他特别提到自己对各分部介绍最新工作建议的部分印象深刻,每个分部的战略采用的都出自不同的顾问制定的不同的考核标准。他指出:"我理解你们在每个领域中都有最先进的方案,但我不太清楚作为一个完整的人力资源部,你们到底想做些什么。我猜你们的一些高管客户也在问同样的问题。"因为每个分部使用不同的考核指标,所以部门整体的效率不会大于局部的总和。

一家世界领先的财务机构的人力资源部和业务高管共同合作回答了下面三个问题:我们对未来全球投资的设想是什么?我们公司必须做些什么才能超越竞争者?在未来的全球投资环境中,我们需要有什么样的文化才能超越竞争者?在对这些问题达成共识后,人力资源部重新设计了大量的人力资源工作内容,与共识保持一致。在之后的几年中,这家公司在投资上取得了非凡的成功,人力资源部的贡献得到了董事会和高管层的认可。

在2016年的HRCS中,我们发现了可以支持上述事例的大量数据。从表4-2中可以看出,为了给一线经理和员工创造价值,人力资源部应该专注于提供整合的相关工作。一线经理和员工最想从人力资源部那里获得的就是一套围绕着公司文化和核心能力的整合性工作,[一]这些工作能够反映企业的战略需求。这套整合工作为人力资源部能为业务做的贡献提供了清晰明确的方向,而且人力资源部的内部客户都能理解。

在关于人力资源的整合的讨论中出现过很多不同的术语,比如高效工

[一] 构成整合的人力资源活动在统计上的因素主要包括以下具体内容:制定人力资源战略,使人力资源活动能和(业务部门)战略清晰地联系起来;保证人力资源部能够成为整个组织的企业文化模范;在(业务部门)核心胜任力上的构建和维护上做贡献;确保人力资源部内的不同分部有效地互相合作,提供整合的人力资源方案;制定能够帮助一线经理工作的政策、任务和流程;有效管理人力资源部外包合作商;解决员工投诉和争议;确保经理能够遵循正确流程,避免法律纠纷。

作系统、战略人力资源管理和人力资源系统。我们认为，最准确的术语是人力资源的工作整合。人力资源的工作整合影响的实证研究非常广泛，其中最大的一项研究是在英国的2906家不同行业、不同规模的企业中进行的。它得出的结论就是没有哪一个单项的人力资源活动能够单独地对公司业绩产生显著的影响，招聘、培训与发展、人才敬业度、工作设计和信息管理的整合工作在统计数字上对一系列组织业绩指标有着强有力的影响。

创建人力资源的工作整合的步骤

以下四个步骤有助于创立和实施一套清晰的人力资源整合工作。

第一步：区分公司战略和业务战略

- 公司战略考虑的问题是：我们的竞争点在哪儿？当微软收购了领英时，它做的公司战略决策就是进入社交网络业务领域。虽然这个问题看上去相对直截了当，但许多公司依然在苦苦思索着：我们是所有业务部门都被一视同仁地对待的一家公司，还是有着不同业务模式的很多家公司？从人力资源战略角度来看，这两者之间差别的重要性值得一提再提。如果一家公司有不同的业务组合，但是人力资源部试图对不同的业务单元一样对待，客户的专注点就会迷失，产生混乱。另外，如果一家公司的业务组合包含了相关联的业务，人力资源部对这些相对类似的单元却区别对待，就丧失了协同工作的有效性。

- 业务战略考虑的问题是：我们在目前的商业环境下如何竞争？制定业务战略的第一阶段是确保对以下方面的准确解读：供给/需求经济情况，该行业的准入和退出壁垒，市场区隔及其内部客户的购买标准，与供应商关系的本质，行业竞争者的趋势，流程中的活动、产品和信息技术，政策环境的导向以及企业所有者的期待。在了解了这些大环境之后，你就可以制定准确的业务战略了，从而将独特的不可复制的产品和服务以及财务基础设施结合起来，最终超越竞争对手。

第二步：找到能让公司赢得客户的心灵和钱包的文化

就像第3章提到的那样，文化是驱动所有组织中其他能力的组织能力。它是一个观念，也是基于现实的概念。作为一个观念，文化是公司主要客户心目中的形象。公司因此需要保证客户拥有的观念是体现在员工行为中的。客户能直接体验这些行为，或者间接体验这些行为的结果，这两方面都体现在主要客户心目中的公司形象里。

第三步：明确所需的技术能力

每个行业都有其核心技术能力。如果没有这些核心技术能力，公司就不可能存在。除了第3章中讨论过的技术能力外，其他技术能力还有汽车公司的汽车设计能力、护肤品公司的肤质及相关化学研究的能力以及医疗用品公司的生物医药工程技术。这些技术能力都是应对竞争环境所必需的。然而，由于现在技术知识更新得越来越快，竞争优势不在于拥有技术，而在于如何在公司的文化环境下创造和使用这些技术。

第四步：设计和实施人力资源工作和政策

人力资源工作和政策包括六类：雇用周期、考核和奖励、培训和发展、信息管理、组织架构和流程以及领导力。有了这六类工作，我们就可以询问与人力资源工作和公司文化要求是否一致有关的具体问题了。假设这里的文化要求是敏捷行动以及相关的行为举止，那么我们需要问以下几个问题。

- **招聘**：我们在多大程度上依据申请人之前在工作中的敏捷行动表现来雇用员工？
- **提拔**：我们在多大程度上依据员工对敏捷行动文化的贡献来提拔员工？

- **轮岗**：我们在多大程度上依据员工能否接触到敏捷行动的典范和最佳工作方法来安排他们轮岗？
- **解雇**：我们在多大程度上依据员工无法展示敏捷行动的情况来进行工作调动或解聘？
- **考核**：我们在多大程度上依据员工能否展示敏捷行动的行为来进行考核并提供反馈？
- **奖励**：我们在多大程度上依据员工是否展示了敏捷行动的行为来进行奖励？
- **培训**：我们在多大程度上利用课堂培训来培训员工的敏捷行动？
- **发展**：我们在多大程度上利用工作中的发展机会来培养员工的敏捷行动？
- **信息管理**：我们在多大程度上利用外部客户和股东的反映，来与员工沟通对客户需求敏捷行动的重要性？
- **系统性沟通**：公司的正式沟通流程（如简报、高管讲话和公司内部录像）在多大程度上传达了敏捷行动的重要性？
- **信息系统设计**：信息系统设计在多大程度上能为员工提供展示敏捷行动的信息？
- **组织架构**：组织架构在多大程度上能够激发敏捷行动？
- **流程/工作设计**：工作流程的设计在多大程度上能鼓励员工关注对彼此和客户的反应？
- **公司环境布置**：公司环境的设计在多大程度上能鼓励敏捷行动？
- **领导力**：公司领导者行为在多大程度上能成为敏捷行动的日常和持续的典范？

当对所需的文化和技术能力都有了清晰的认知后，人力资源的整套工作和相关政策才能被设计并实施，从而使人力资源部有能力进行相关工作整合。

第 5 章

重要的人力资源工作：员工业绩和人力资源分析

在第 4 章中，通过信息管理和人力资源的工作整合，我们回顾了人力资源部对整个组织的影响，本章还会介绍另外两个人力资源部的活动。首先，我们会关注对员工个人的绩效有直接影响的人力资源活动，包括绩效管理、薪酬激励以及员工发展。其次，我们会讨论与人力资源数据分析相关的主要问题。因为很多相关的内容之前已经谈到过，所以我们在此会提供主要问题或潜在趋势的一个总结。本章最后会提供一个第 3～5 章主要内容的总结清单。清单会回顾人力资源部为企业增加更多价值而需要考虑的行动。

与员工业绩相关的人力资源工作

人力资源部中影响员工个人绩效的工作包括考核、奖励、发展和参与。⊖

绩效考核

员工一旦被雇用，之后面临的挑战就是如何鼓励并使他有最好的动力工作。人才管理周期的起点始于强有力的可信赖的考核体系。绩效考核是

⊖ 构成统计因素的人力资源部在员工绩效管理中的具体工作项目有：业绩评估为员工的个人发展提供反馈；员工的工资和奖金由员工对（业务单元）成果的贡献来决定；我们公司员工的平均工资水平（包括奖金）比竞争对手的要高；员工在职业生涯中能得到广泛的培训（比员工目前工作所需技能更广的培训）；员工被授权能够对他们的工作提出必要的改进建议；如果某项决定会对员工有影响，那么在决策前能听取员工意见。

奖励、培训、发展和员工参与活动的基础。

考核周期包括目标设定、衡量和反馈。全世界最大的一家纺织品公司想要提升其考核体系。它首先开始明确考核指标的目的，包括在各个层级详细阐明战略方向，接着跟踪进展，看一看需要做哪些提升工作，与客户和股东沟通取得的成果。另外，它对所需竞争优势的来源都做了运营方面的定义，包括质量和效率。对质量进行考核是很抽象的，但当明确了每生产批次废品率、生产回报和客户调查结果三个指标后，它就有了对质量在运营方面的定义。

人力资源部牵头制定了公司的考核框架。人力资源绩效考核团队发现，对个人、部门或团队以及公司整体设立目标并考核结果是完全可行的。它还意识到，对于这三个层面的每一层面，都应当可以衡量产出结果（滞后指标）、与文化相关的行为（领先指标）、项目（产出指标）和技术能力（技能指标）。将这两个维度结合起来就有了一个全面的考核矩阵图（见图 5-1）。

	产出结果	与文化相关的行为	项目	技术能力
个人层面				
团队/部门层面				
组织层面				

图 5-1 全面的考核矩阵

人力资源从业人员接着和业务高管一起来决定这 12 个矩阵方格中哪一个需要立即得到改善。由于组织和部门的产出指标都已到位，一个能够对主要组织项目更强有力的监控流程也在测试中，业务领导者决定专注于提升员工个人产出结果和与文化相关的行为的考核。个人产出的考核依据半年一次的目标设定，与文化有关的行为由 360 度调研工具来衡量，在这个过程中人力资源部会协助经理为员工的发展提供反馈。因为对考核体系的利用在很大程度上依赖于目标的专一性和清晰度以及相关信息来源的可靠性，公司还特地安排使产出和行为考核的流程更加透明与方便使用。

绩效分级体系：想听听最新的情况吗

全球的人力资源专业人士都在争论一个很多公司共同面对的绩效考核问题，争论围绕着绩效考核是要基于幂律分布还是正态分布。很多年来，绩效分级一直是基于正态分布的，员工按照总人数被强制分配到业绩的前 10%、接下来的 20%、中间的 40%、较低的 20% 和最低的 10% 中。

有人提出，正态分布不能反映出绩效表现的实际情况。波义耳（O'Boyle）和阿吉斯（Aguinis）就积极推崇所谓的幂律分布逻辑。他们对 198 个样本中的研究员、娱乐工作者、政治家和运动员共 633 263 人进行了五轮研究。他们发现几乎在所有的情况下，都是一小部分顶尖人员创造出最大部分的成果，接着是大范围存在的中等业绩表现者以及小部分低绩效人员。他们还进一步指出，基于正态分布的考核和奖励体系会造成明星员工的流失，而专注于基于幂律分布的考核体系能挽留住明星员工，让低产出人员离开。还有一个研究可以说是纯明星逻辑，他们认为明星员工在一定程度上就是组织的产物，组织中大部分是中等水平的 B 级员工，明星员工之所以脱颖而出，就是因为他们能够加强整个组织的竞争优势。

员工反馈流程的陷阱

考核流程的最后一步是反馈谈话。在大部分公司中，这些谈话被设计到了绩效评估流程里，构成了每季度、半年或一年一次的绩效谈话的主要部分。就在我们写这本书的时候，那家纺织品公司的人力资源部也在和全球所有的人力资源部一样苦苦思索着一个长期存在的问题：如何优化公司的绩效管理流程？有无数与传统的绩效评估流程相关的问题被很好地记录了下来，主要包括以下几个方面。

- 评估者的性格对最终评估有62%的影响，员工的实际表现只有21%的影响。
- 性别和种族偏见的影响相当显著。
- 被评估者的谈判技巧在很大程度上影响着绩效回顾，特别是当短期产出难以衡量的时候（如研发部门）。
- 绩效评估倾向专注于个人层面而不是团队或公司的业绩，这会让个人的贡献小于局部相加的总和。
- 几乎每个人都觉得自己的绩效在平均数之上，结果很多员工最终感到失望。
- 经理没有受过很好的培训，一般不太喜欢做绩效评估。就像史蒂夫·科尔——GE和高盛前首席学习官所说的那样："年度绩效评估是在不自在的地方的不自然的行为。"
- 当工作项目越来越基于团队和知识导向且有不同国家的人员参与时，考核工作就更加不易把握了。⊖

重新思考反馈流程

由于这些问题的存在，很多公司开始重新思考反馈流程。大家可以参考以下几个案例。

- IBM最近修改了它的绩效回顾体系。员工现在可以按照自己的需要进行反馈谈话，一个季度至少一次。员工要评估反馈的质量，还在网上从同事那里得到反馈。这些变化的产生是公司考虑到一年一次的反馈太简单、太模糊了，因此不是很可信和有用。

⊖ 感谢我们的同事迪克·贝蒂对前面几点提供的见解。

- 德勤也对自己的绩效管理系统做了类似的修正。在德勤，团队领导每个季度或在每个主要项目结束后对员工进行评估。他们对 4 个问题使用 5 分制的打分法，这 4 个问题都和团队成员的业绩有关，而不是关于团队领导怎么看团队成员的。比如，"基于我对这名员工业绩的了解，如果这是我自己的钱，我会给予他在可能范围内最高的工资涨幅和奖金"，还有"基于我对这名员工业绩的了解，我会一直想要他在我的团队里"，纳入考量的还有被评估者对公司的整体贡献以及个人任务的难度。

- 也许在德勤最重要的是将绩效反馈制度化，用每周召开团队成员跟进会的形式将它从单一的"事件"变成一种生活方式。这背后最基本的出发点是反馈，不是领导者附带的工作，而是领导者的首要工作。

- 与 IBM 类似，埃森哲也将绩效流程的重点放到了主管与下属更频繁地进行教练式谈话上。教练 – 下属的谈话模式重点强调员工的优势——优势是什么，如何进一步发展和利用。用这种方式，谈话可以激发创建优先任务，而不只是一串目标的罗列。

- 另一家我们熟悉的公司致力于创造广泛且非正式的同事间反馈文化。团队成员不仅被期待从各自的经理那里，而且要在团队成员之间接受或给予日常反馈。如果某个团队成员一两个月都没和同事交换过反馈结果，大家就会感觉他一定是出现了什么问题。整个团队都会关注这个问题，以确保侧面反馈能够持续进行，相应的业绩提升能得到维护。

薪酬和奖励

诺贝尔经济学奖获得者赫伯特·西蒙和他的合著者詹姆斯·马奇曾经提到薪酬体系有两个最主要的目的：吸引人才以及激励人才去表现。如果奖励体系与绩效管理相关的首要目的是激励业绩，那么我们就在此回顾史蒂夫·科尔提出的有效奖励机制的衡量标准。

- **要给得起**。规则是：如果没有，就不要宣传。如果公司想要激励所有员工，最后却只把奖金发给了高管人员，这当然会激励高管但没有激励其他人，而其他人才是质量提升、成本控制、创新想法和缩短上市时间的源泉。
- **要和业绩相关**。然而，前些年埃德·劳勒（Ed Lawler）估计在美国有90%的薪酬不是以业绩为标准发出去的，而是根据诸如此类的标准：任期、年龄、性别、可见度、工会、等级层别、工作时间、公司规模、部门规模、姓氏、过去的业绩、预估的未来业绩以及和老板的关系。
- **要看得见**。一家大公司为公司年度最重要的创新成就准备了一大笔奖金，但是创新者只能一次性领取而且不能告诉别人奖金的事。想想那些在全世界面前被公开认可的诺贝尔奖获得者，再想想密歇根大学教工的工资数通常会被刊登在本地报纸上。为什么大多数公司的奖励都是保密的呢？很大一部分原因可能就是它们的衡量体系缺乏可信度。
- **要及时**。大量的研究告诉我们，对于成就或行为的奖励给得越快，激励效果就会越好。对比大多数公司的情况，就好像是某人在3月取得了大成就，但在来年的1月他才拿到奖金。另外，很多航空公司会为经常搭乘自己航班的乘客提供对杰出员工的认可机会，就在员工提供服务的时候，乘客会将卡片或代表现金、奖品或飞行里程的奖品亲自发到员工手中。
- **是可以取消的**。一家公司的人力资源高管估计，从给出年度绩效奖金到奖金接受者觉得自己明年理所应当地再拿到奖金的时间，是 15 分钟。一旦奖励沾上了特权的气息，它潜在的激励作用就已经被破坏了。
- **是接受者所珍惜的。**好消息是人都喜欢钱，坏消息是钱并不是组织环境中所独有的。它不能带给公司特别的吸引力，它带来的激励效果也许很快就会转移到另一家公司。

知道了这些标准后，我们就可以评估哪些物质或非物质激励手段在多大程度上能满足这些标准。基础工资基本不能满足上述要求，以奖金为基础的薪酬体系（包括股票期权和其他延迟激励机制）稍微好一些，但依然不能满其中一半的要求。

再来看看非物质激励的方式。休假、礼物、旅行、曝光率、更大的办公空间、老板手写的感谢卡等方式都试过了，但是激励潜能的效果不好且不稳定。让员工在决策中有更多发言权听起来就有趣得多了。一家大型高技术公司的一些高级雇员有潜在的流失风险。这些雇员都是久经考验的，每人的身价都有好几百万美元。当被问到"要如何做才能让你留下"时，他们答道："在创造行业的未来以及公司的未来方面有发言权。"然而，人力资源部却给了他们更多的奖金，他们中的许多人最终还是离开了。最后，还可以考虑提高工作的挑战性和价值。当人们得到了充满挑战的职责、控制劳动成果的自主权、参与决策的权利以及看得见的有价值的认可时，几乎有效激励的所有条件就都被满足了。问题是如何按照这些条件配备好工作项目。能够提供具备这些特性的工作是激励奖励系统中的灵丹妙药。

回过头再看表 4-2，与员工绩效相关的人力资源工作对短期业绩有着重要的影响，但是对大多数利益相关者的影响相对不大，尤其是对投资者 / 所有者。这种联系也许明显反应在股东对高管高薪的极力反对中。在 20 世纪 80 年代，CEO 与底层员工的薪资比为 40∶1；现在这个比例从

140∶1 到 335∶1 不等。这些数字看上去如此不对等，特别是考虑到最近十年来工人的购买力是净下降的，很多公司的股东都反对高级管理层的奖金和涨薪计划，这些公司包括 BP、Smith & Nephew 和英美资源集团。还有其他更多的迹象证明了股东层对此不满。挪威政府的全球养老基金拥有世界上每一家上市公司平均 1.3% 的股份，它正在发起一个反对高管高薪的活动。如果股东真的从高管的工资单上看到了价值，那么他们又何必如此反对呢。

总结起来，人力资源部在提高员工绩效考核和奖励体系方面有很多机会，也有很多工作要做。如果做得好，就会对员工个人有很大的影响力，并最终影响到整个组织。

员工发展

员工发展发生在反馈和辅导中，如课堂和线上培训，以及在工作岗位上的历练。为了达到最佳效果，反馈应该来自非正式的多级别的圈子。最基本的反馈和辅导来自员工本人。他们是否从错误中吸取教训，是否在成功后更上一层楼？他们接下来就可以从团队成员那里学习并得到辅导，这些学习发生在反馈、360 度测评和各种邂逅中（这是乔布斯喜欢的方式）。他们还可以从老板那里学习，接受之前章节提过的辅导。他们还可以从内部客户那里学习，这些人往往会直言不讳地提出在质量、数量和关于支持的及时性方面做得如何的反馈。最后，也许是最重要的，他们可以从公司客户那里学习。

客户反馈

公司都在尝试不同的联结客户和员工的途径，这些尝试包括将员工派驻到客户的企业中（如 GE），邀请客户访问公司并对员工讲话（如铁姆肯），安排员工在客户使用公司产品时与客户在一起（如宝洁），让员工参与到市场调查活动中（如迪士尼）、邀请客户参加员工培训课程（如 GE）、安排员工接听客户服务电话（如联合利华），以及让员工在社交媒体上总结公司情况（如麦当劳）。我们的经验是几乎没有人力资源专业人员会在他们的发展架构中使用这种方法。而能够同时运用这些多重反馈的公司会发现它们的学习组合能够很快地提升员工绩效。

课堂和线上培训

课堂培训依然是主流，但也在迅速地向线上学习体验转变。学习网站，诸如 Lynda.com、GCFlearnfree.org 和其他大量 YouTube 的网址，都提供标准化课程，比如会计、基础生产、督导技能、计算机编程、数学、烘焙、游泳以及其他以传播事实为目的的课程。基于网络的线上学习为全球范围内的人群提供了学习、反馈和解决互相关联问题的机会。它让教育能随时满足需要，还提供了广泛的几乎没有成本的学习话题，更重要的是，线上学习受到了在技术上非常前沿的"00 后"的青睐。

为了最大化线上学习的价值，我们还需要正视它的局限性。大量研究已经证实了大部分信息的传递并非通过正式说明的语言，而是通过非语言方式，比如身体姿势、面部表情、手势和声调。线上学习在极大程度上剔除了这些沟通模式。谈话中微妙且不可言传的信息都是在快节奏的面对面或声音对声音的互动中才能体察到的。更何况，有些人最好的学习方式是通过说，也就是说由于大脑的构造，他们如果不听自己说一遍就不知道是什么意思。对于这些人，通过网络与老师和同事沟通，效果就不是最理想的。线上学习适用于线性的有序的学习模式，但不适用于更加有全局观和喜欢重复的个人。另外，线上学习一般来说对学习需要记忆或更加标准化的内容而言，效果最好，比如会计和福利管理，但是对学习需要搭建模型的概念性内容而言，比如业务战略和业务操守，效果会差一些。

课堂学习有利有弊，主要益处如下几个方面。

- 通过快速的、重复性的讨论来加快学习进程。
- 能够引导语言和非语言沟通。
- 在课堂成员间能够更好地建立联系。这对学习珍惜差异格外有意义。另外，如果有客户参与课堂学习，员工就能与客户产生更加坚实的关系。
- 相比于匿名的线上学习，在面对面的学习互动中更容易建立信任。
- 相对面对面学习更加紧张的环境，线上学习更有可能产生突破常规的领悟。
- 针对客户的具体战略、战术和文化环境，学习材料更容易被定制。
- 学员全心投入练习，更加个人化，也更少受到干扰。

课堂学习除了这些益处外，也有一些问题，比如成本高、缺乏时间灵活度、更趋于人际间的群体思维，以及没有充分利用现有技术资源来满足网络一代的需求。

除了学习的目标内容外，我们可以勾勒出四个主要趋势。在传统的培训项目中，课件被分发出去，应用的责任完全由学生自己承担。现在的趋势是老师和学生在课堂上一起学习，老师引导学生如何应用。传统的商业课堂培训通常在很大程度上依赖案例研究。现在的方法是从学生自己的项目中，或者从学生过去的组织经验中建立生动的案例。在传统的教室里，老师教授通用教程；目前的趋势，尤其在公司内部培训中，都是根据公司需要来定制教程。通用培训可以提升通用技能，提高学员的市场价值，从而增加了员工流动率。定制课程则提供特别的学习内容，不容易被转移出公司以外使用，因此降低了员工流动率。在传统的公司培训中，员工被教授关于客户和股东的内容。现如今的趋势是邀请客户和股东一起来听课，或者做分享或讲课。

大家很长时间以来都认同的且在后来也被实证经验认证了的说法是最有效的发展方式是在工作中学习。关于人员发展的各种各样的方法可以从不同的源头列出一个很长的清单，包括要做一个跨部门的整合流程，参与新的项目或产品检测委员会，向团队教授一个新流程，对某种市场趋势做一个竞争性分析，就重要部门的工作做新员工的导师，或者为社区志愿者活动做咨询。毫无疑问，这些都是有用且有价值的发展活动。然而，真正有潜力的人才是不会满足于这样的清单内容的。

像英特尔、GE 和诺斯洛普·格鲁曼这样的公司懂得高潜力人才对有挑战性的且能创造价值的岗位任务有兴趣。有挑战性的工作是指那些有难度的而且只有少数人能胜任的工作。如果工作有难度但是很多人都能做，这说明这项工作的市场价值不高，高潜力人才就不会太感兴趣。同时，这些工作还必须能为公司、客户、股东或他们的任何组合创造价值。如果工作有挑战性但不能创造价值，高潜力人才还是不会有兴趣的，因为他们想要留下好的工作记录，他们不会仅仅因为有挑战性就去做某件事情（虽然人力资源专业人士一直以为他们会的）。基于这个逻辑，微软让员工自己选择下一个任务。为了更好地理解跨国公司是如何通过在岗培训的方式培养本地人才的，麦肯锡公司研究了 21 家跨国公司。有 2/3 的公司让本地人才参加海外 MBA 学习，等他们回到本地后被很快地提拔到管理层。这些公司最成功的做法是让这些高潜力人才为某种特定的发展需要进行 6～18 个月的轮岗，并许诺他们轮岗结束后回到本地就可以担任更重要的职责。

员工参与

近 30 年来，行为科学家一直在讨论有关员工参与和赋能授权项目的话题。随着成本和创新周期的起落，过去几十年员工参与项目在公众视野中也是时进时退的。这些项目是让员工在最少的监管和审批情况下能够自己决策并采取行动。

一家一级汽车供应商面临着降低成本的巨大压力。成本缩减项目中有一项就是要减少中层经理和总部员工数。这些调整要求员工能重组成为能够自我管理的团队。这些团队的有效性大大依赖于每个团队成员的参与，以及组织能否提供帮助他们参与的基础设施。以下七个方法可以为成员参与提供帮助。

- 团队成员接受大量的培训：财务和业务报表、团队解决问题和冲突管理、公司战略、市场定位、竞争条件，以及不断更新中的技术技能，比如操作计算机来生产。
- 每个团队的业绩表现都公开化。每个团队都能拿到关于下游内部客户以及上游供应商的产能要求的信息。
- 根据这些信息，每个团队设立生产目标，之后横向沟通至各个合作部门。
- 每个团队都会收到业绩情况的稳定反馈，从而改进调整。
- 每个团队用360度反馈工具进行自我评估并评估其他团队成员。这些工具的目的很明确，定义了团队成员和团队作为一个整体应该如何工作才能产生高效业绩。
- 薪酬和衡量生产成果的滞后指标与领先的行为指标挂钩。薪酬体系的设计在很大程度上倾向于鼓励团队业绩而不是个人绩效。
- 通过团队成员轮流领导的协议，新的领导力要求被定义沟通并实施。

还有一些公司，比如丽思·卡尔顿酒店、百思买和迪士尼，通过一些小众但同样有效的方式来鼓励员工在不用得到管理层许可的情况下就能确认和处理客户投诉。这样它们就能提供更快捷、更具有客户导向的服务。本书的作者之一在某个迪士尼乐园把房卡忘在房间里了，当他和家人到了迪士尼游乐场时才发现这个问题。他和一名迪士尼的客户关系经理说了这件事，这名经理很快地就给了他一个临时通行证。这名被很好授权的员工改变了一个有可能以不愉快收场的经历，使这位作者和迪士尼都变得像客户的亲人一样。在社交媒体当道的时代，这种"真棒"的经历能够被复制传播几千遍，同样，如果员工没能被授权对客户的投诉或需求做出快速有效的反应，产生的负面情况也会如此。

员工参与到决策中通常是由组织中的一系列因素引导进行的。信息系统的设计要能够提供使员工快速、准确地做出决策所需的信息。全面授权机制的实施还需要减少中间管理层和总部员工的影响。当 GE 开始实施削减冗员的名为"健身"的项目时，杰克·韦尔奇认为减弱中层管理者和总部员工影响力的唯一方法是减少他们的人数。最后，团队还需要在人事问题上更加主动，比如决定谁可以参与进来以及偶尔地谁需要离开。

衡量人力资源工作的数据分析

人力资源部如何知道自己做得如何呢？要了解和沟通这件事，就需要对人力资源部的活动以及各职能分部的工作进行数据分析。其实关于用数据分析来衡量人力资源工作的结果已经有大量文章面世了，但实际情况是衡量人力资源工作做得并不好，是所有人力资源活动中做得最不尽人意的一个。另外，在人力资源四大类工作中，它对为利益相关者创造价值的影响也是最小的（见表 4-2）。根据第 4 章中的讨论和发现，与数据分析有关的人力资源角色的主要价值并不是将数据分析应用在本部门中，而是帮助组织将数据分析作为整体信息战略的一部分，应用在组织的其他方面。

然而，衡量人力资源工作的结果还是可以达成以下几个目标的。

- 提升人力资源部的绩效从而提升公司的绩效。
- 帮助人力资源专业人士得到相关信息从而更好地做出决策。
- 找到人力资源如何增加最大价值的方法，集中资源，促成最佳结果。
- 有助于减少人力资源活动中不必要的开支。

为了使人力资源数据分析达到最佳效果，以下这些准则可供参考。

- 衡量人力资源工作是相对容易和直接的，困难的是要知道衡量什么。这条准则是人力资源部必须清楚地了解自身是如何创造最大价值的。是优化人才使用，最大化组织能力，提供最高效的行政服务，还是发展业绩优异的领导者？不同的回答会带来不同的衡量方法。
- 有效的衡量方法能帮助人力资源部了解已知的信息，还能帮助人力资源部了解未知的信息。它能帮助人力资源部分清三种错误。好的人力资源衡量指标能帮助人力资源部避免把错误当成正确，也能帮助人力资源部避免错失真相，还能帮助人力资源部在第一时间问正确的问题。
- 有效的衡量指标能帮助人力资源部收集有用的数据，避免问一些人力资源部也不知道可以用来做什么的问题。
- 有效的衡量重要的是回答"谁"的问题。谁对数据负责（比如老板、个人、人力资源部、CEO）？谁能接触到原始数据（比如人力资源部、直线经理、咨询公司）？谁使用数据，目的是什么（比如个人为了发展，主管为了评估，人力资源部为了人才管理）？在任何人力资源部衡量项目实施前，对这些问题都要有充分的考量和判断。
- 人力资源数据的解读者应该能够理解和解释出现的偶然情况与必然联系之间的差异，将两者混为一谈会带来错误的决策和行为。比如，员工的工作效率高是因为他们满意、快乐并敬业，还是因为他们高效，所以才满意、快乐且敬业？
- 人力资源数据的使用者也应该理解统计显著性和统计学意义之间的区别。统计显著性是一个技术术语，指两个变量之间的关系不是偶然发生的。它暗示这两个变量之间存在着"联系"，但它并没有说这两个变量之间的关系有意义。例如，有一个被广泛使用的员工敬业度调查声称，自己的敬业度问题和客户满意度、生产率以及利润率有实际的联系，但是问题和结果变量的关系的统计数量只有 3.6%，没有说服力。

数据分析的三大种类

我们发现一个有用的方法是将人力资源数据分析分成三类：基础人力资源数据、组织能力和人才。

1. 基础人力资源数据

基础人力资源数据可以是绝对数值、完成项目的数量或质量以及成本/盈利比率。绝对数值可以是员工人数、雇用人员数、授课时数、员工福利的成本、人力资源人员数等，这些都是衡量人力资源的基本素材，对于人力资源的重要性就像数钱对于财务一样。项目衡量指标指的是已经完成项目的数量或质量，相关例子有：人力资源信息系统是否按时并在预算内完成？人力资源重组是否按时间表完成且对业务运营的干扰最小？基础人力资源数据还可以用百分比的形式来衡量部门效率，比如按时完成的绩效评估比例、每个月目标岗位的到岗比例或拥有个人发展计划的员工比例。人力资源的效率还可以用成本/盈利比率表示，比如雇用成本、每个员工的人力资源成本、每个员工的盈利率、项目投资回报率（某个人力资源项目的盈利减去成本，再除以项目成本）。

2. 组织能力

在之前的章节中，我们已经讨论了人力资源通过价值链来创造竞争优势的问题。如图 5-2 所示，人力资源价值链包括市场表现结果、人力资源在创造和维持组织能力和相关文化方面的首要贡献，以及最终由人力资源活动创造和维护的组织文化，从而构建了所需的组织能力，之后这些能力又驱动了组织在市场的业绩。一旦人力资源价值链清晰了，衡量指标就会很简单（见图 5-2）。

图 5-2　衡量人力资源价值链

有了这条价值链，我们就可以发现人力资源是如何增加最大价值并建立考核完整价值链的衡量方式。举例说明，假设某家公司的业务战略是专注于通过发展新产品来增加收入。所需要的创新组织能力可以通过最近两年内上市的产品收入比、专利数量和新产品数量来衡量。为实现目标，员工需要展现与基于客户导向的创新力一致的行为。这些与文化相关的行为可能包括：①员工与客户开会，共创新产品，或员工销售服务及产品设计；②产品工程师和客户共同研制新产品，以及考虑如何高效能地生产。这些行为可以用 360 度测评，或者市场倾向调查或其他定期开展的员工调查活动来衡量。

以能否创造所需组织能力为标准，一旦明确了所需要的行为，我们就可以设计和实施人力资源、组织和领导力的各项工作，这些工作在创造和维持所需要的行为上有较大的改进空间。我们还可以通过问卷调查来衡量员工能在多大程度上体验到这些行为，比如问卷中的一个问题可以是"对你的考核和奖励在多大程度上依据你对提升新产品的有效设计和生产所做的贡献"。

这样我们就可以衡量人力资源价值链的每个环节了。如果工作内容和行为的衡量都在一份问卷中进行，我们就可以找到两者之间的关系，看一看考核和奖励方法在多大程度上鼓励所需要的与文化一致的行为。这种相互关系对提高相关工作领域的表现很有帮助。比如，在工作过程中，我们在客户的员工调研结果中发现培训参与度与团队导向的行为之间存在负向关系。员工参与的培训项目越多，他们展现的与团队合作相关的行为就越少。当然，培训和发展经理对这样的结果并不满意。我们向他们索要了最近的可视度最高的领导力发展项目资料，大标题是"卓越个人：解放你心中的你"。显然，这种个人导向培训参与得越多，人们就越不容易从团队合作的角度思考和行事。这些培训后来都被重新设计，更多地围绕团队合作，团队合作的分数最终也被提高了。

因为有很多因素会影响新产品的效益，所以考核文化和相关行为对组织能力的影响就更加困难了。这时，执行力的逻辑和思路就起作用了。如果文化及相关行为是以组织文化衡量指标作为设计标准来制定和实施的，并且人力资源、组织和领导力工作都能协同一致，那么相关行为会随着组织能力衡量指标的提升而得到推广，人力资源也会因此为建设市场所需的组织能力出一份力。

因此，人力资源部可以通过文化、人力资源、组织和领导力相关工作，制定一条从市场到最重要的组织能力的基准线。

3. 人才

在过去几年中，很多人力资源数据分析工作的关注点并非在组织层面而是在个体人才的分析上。这种趋势的产生，一方面是由于很多具有心理学背景的人员加入了人力资源专业人士的行列，另一方面是因为相对于衡量组织有效性，对个人的评估及相关流程都比较简单。与人才评估相关的主要问题是"我们说的人才指的是什么"。

在我们的经验中，有两类不同的人才需要不同的评估方法。首先，人才可以由工作的重要性以及完成工作的个人的工作质量来鉴别。用一个流传颇广的问题来概括，就是"你的关键岗位上有没有最能胜任的人"。关键岗位可以是能为客户和股东创造直接价值的岗位，有能力以理想成本提供产品和服务的岗位，或者有能力让公司开出想要的价格的岗位。我们对这个问题这样问：你的员工中有多大比例的人创造出了 90% 的价值？他们是谁？他们都是做什么的？我们发现这是一个相当能启发思路的问题，它真正触及了公司创造可持续价值的核心领域。

一旦第一个问题解决了，第二个问题就来了：在关键岗位中，有多大比例的员工是高绩效者？设定这个考核指标的目的是让最大比例的最能胜任的员工到关键岗位上，然后你就可以衡量这样的员工能在多大程度上持续地保持生产力，以及自发地离开或继续留在这些关键岗位上。高绩效员工不一定包括公司管理层，但是人力资源部应该能回答这样的问题：我们目前是否有领导者具备技术技能和领导能力，可以保证短期业绩？我们是否有可衡量的领导力阶梯计划来引领公司的未来？

每个行业都是在技术知识的基础上发展起来的（比如对于汽车公司而言是汽车设计和制造技术，对于制药公司而言是分子生物学技术），为了确保公司的技术能力能够满足行业中持续成功的需要，这些能力需要被清晰地定义和衡量。公司可以组织在相关方面知识丰富的技术专家来讨论衡量的方法。会议要关注有哪些能力对可持续成功最重要，又有哪些能力需要被最大程度地关注和提高（差距分析）。

人才管理工具箱

下面的问卷（或称为工具箱）可以帮助你完成组织内的人才管理现状评估。人才管理工具箱包括基本的人力资源职能，每一项都配有衡量的方法。虽然还有很多种其他的衡量方法，但下面列出了一些通用的方法。

- 招聘
    - 员工在被雇用后两年内的留任比例是多少？

- 业绩表现和员工留用的最佳指标的选择标准是什么？
- 顶级人才接受聘书的比例是多少？

● 发展
- 公司内部提拔和外部招聘的比例是多少？
- 员工在参加培训前和培训后的业绩情况如何？
- 哪些类别的员工从培训中受益最多（比如层级、年龄、经验和国籍）？

● 继任
- 有多大比例的关键高风险岗位拥有后备人员？
- 有多大比例的后备人员确实进入了这些岗位？
- 在提拔员工时，文化标准和技术标准的平衡情况如何？

● 奖励
- 涨薪和业绩提升之间的关联是什么？
- 给予非物质奖励之后的业绩提升情况如何？
- 什么样的奖励方法带来的业绩提升效果最好？

● 沟通
- 有多大比例的员工知道公司的使命、长期目标和业务战略？
- 有多大比例的员工了解公司外部品牌形象？
- 有多大比例的员工听过或在网上读过执行层的讲话？

● 挽留
- 强制离职和自愿离职之间的比例是多少？
- 有多大比例的员工因为不同的原因离开？
- 自愿离职的员工倾向于从什么样的岗位和经理手下离开？

总结：一份人力资源部的有效检验清单

下面这个清单总结了前三章的主要发现和分析，内容集中在有效人力资源部的特点和工作上。在这些章节中，我们重点强调了组织能力的重要性——它是人力资源工作中最关键的部分，以及其他对业务表现影响最大且为人力资源内部和外部客户创造最大价值的人力资源工作。这份清单的打分规则如下：1——非常不足；2——有所不足；3——一般；4——好；5——非常好。

步　　骤	1	2	3	4	5
我们了解组织能力作为竞争优势的重要性及其背后的逻辑					
我们的人力资源部结构和公司业务结构是一致的、互相匹配的					
我们对外部环境有充分的调研，重点关注当前和未来的客户市场划分和其他与竞争有关的因素					
我们找到了为我们所需的，能够帮助我们在当前环境中赢得竞争的那些组织能力					
在创造和保持我们的目标组织能力方面，我们有主要的衡量指标来考核我们做得是否成功					
我们找到了能帮助我们全面达成组织能力所需的技术能力					
我们定义了全面实施组织能力所需的文化					
我们明确了与文化相关的行为，它们是达成与组织能力衡量指标有关的更好的业绩所需要的					
我们明确并实施了能够对创造和维持技术与组织能力所需要的人力资源、领导力和组织工作，这些工作将很大程度地促进组织能力衡量指标的达成					
我们知道哪些信息对公司的成功最重要					
我们协助设计全公司范围内确定、寻找、引入、分析、传达和利用信息的流程，并使之成为竞争优势					
我们确保所有人力资源的政策、流程和工作都与关键业务结果紧密结合					
我们善用所有人才管理工具来使个人绩效最大化					
我们衡量人力资源价值链的每一步，来确保人力资源能够持续不断地为业务结果做贡献					

3

VICTORY THROUGH ORGANIZATION

第三部分

个　　人

第 6 章

值得信赖的行动派：应邀参与业务讨论

介绍

人力资源专业人员要对组织有持续的影响力，就必须被邀请参与业务讨论。被邀请参与业务讨论是人力资源部在任何组织中创造真正的商业价值的一个明确的先决条件。

在前几轮的研究中我们发现，人力资源专业人员必须成为值得信赖的行动派才有可能参与商业决策，关于这一点我们已经强调了 20 多年。我们之所以用值得信赖的行动派来形容这一变迁，是因为我们的研究发现信任不仅来自以可预测的方式做别人期待的事情，而且来自一个独特并具有前瞻性的视角。为了能参与到业务讨论中，人力资源专业人员需要展示获取信任的能力，这种获取信任的能力部分来自前瞻性的立场以及关于业务及人力资源部在企业成功中扮演的角色的视角。他们需要成为值得信赖的行动派。

在过去的 30 年中，HRCS 结果表明，获取信任或成为值得信赖的行动派是被邀请参与业务讨论的最佳方式。这些调查结果仍是有效的，作为值得信赖的行动派仍然是人力资源专业人员积极参与业务讨论的关键所在。

本章将介绍怎样被邀请参与到业务讨论中。

胜任力实例

在本书的准备过程中，我们访谈了自己认为真正具备九种人力资源胜任力（见第2章）的资深人力资源专业人士。我们在这里分享几个他们的案例。

GE/瓦里安医疗系统：David Staffanson

David Staffanson 现任瓦里安医疗系统公司的人力资源副总裁，如果你和他聊起来，他会告诉你胜任力中的信誉是人力资源专业人员的必备能力。这是最基础的，但经常被人力资源专业人士忽略。一个人在成为值得信赖的行动派之前，必须在组织的各个层级建立信誉。

回顾在一家 GE 工厂第一次担任人力资源主管的经历时，Staffanson 说他得到的最初任务是"压马路"，也就是说，他需要在车间里转悠，然后认识所有的员工并了解他们在做什么。大多数人力资源专业人士会建议做类似的事情，但 Staffanson 又前进了一步。除了了解员工的姓名、角色和个人故事外，他还随身携带了一个笔记本，记下了员工认为重要的事情，了解他能做些什么来帮助他们。他因为这份个人清单而出名。

这种与员工的交流最重要的部分是他确实会跟进。他总是完成他承诺要做的事，这使他与员工（从生产线工人到业务领导）建立起了信任关系。有时，清单看似很普通，作为一个新的人力资源经理，他虽然希望自己的工作有更多的战略影响力，但 Staffanson 觉得他还是应该先建立起信誉，一次一个人、一场对话。当他和领导班子需要进行人员重组时，他在一线赢得的信任变得极其重要。他有几个变革拥护者作为后盾，他们相信他会为他们的利益而努力。如果没有这种信任，这些员工很可能会抵制任何来自资方的变革。

十年后，他开始与 GE 医疗部门的一名新 CEO 合作。他的做法没有改变，他用同样根本性的做法在整个员工队伍中建立起了信誉并赢得了

CEO 的信任。他亲自与团队沟通，与 CEO 密切合作，一起确定业务重点并找到实现这些目标的方法。他还是随身携带一个笔记本和一份行动清单。当他需要做出影响业务的重大变革，以便更好地整合组织以适应客户的需要时，他所获得的信任为他的工作提供了便利。当他想去尝试创新需要获得支持时，比如带领管理团队去尸体解剖室获得第一手经验以及了解客户的视角，他也成功了。在 Staffanson 的职业生涯中，真诚的沟通和可靠的执行力帮助他建立起了信誉，使他能够成为行动派，同时也赋予他在争取人们支持他的想法时所需的信任。

通用磨坊食品公司：布拉德·泰勒

在 21 世纪中期，通用磨坊食品公司的研发与技术部门面临着两大问题：人才流失和持续创新。这个部门有大量出生在"婴儿潮"时期的员工即将退休，他们的退休将会带走重要的技术与制度性知识。至于创新，奖励制度阻碍了合作却提高了个人在专利方面的收入，缺乏合作阻碍了创新的步伐，抑制了开放性的创新（在通用磨坊食品公司以外寻找更好的新思想）。

布拉德·泰勒，一位资深的人力资源负责人，和研发与技术部门已经合作了很多年而且已经建立了信誉。当泰勒思考这个部门所面临的问题时，他想出了一个新的解决方案。在与宝洁公司的一名员工的谈话中他了解到，包括宝洁公司在内的几家来自不同行业的公司正在考虑搭建一个平台，让退休的技术人才来承担一些短期项目和临时顾问工作。当泰勒提出这个想法时，他遇到了来自三个方面的阻力：①通用磨坊食品公司的研发文化不是以合作为基础的（不论内部与外部）；②退休人员来自不同的行业，而通用磨坊食品公司却有很强的"非本地发明"的心态；③人们都很忙，无法参与。这些障碍没能难倒泰勒，他对自己的想法很有信心。对一个复杂的问题来说，这是一个低成本、低风险的解决方案。他不停地修改他的建议直到大家都认可。

通用磨坊食品公司与宝洁公司、礼来公司以及波音公司一起创建了一个退休人员的知识分享项目，这个项目被称为 YourEncore。这个创意得到了快速响应，YourEncore 的成员由刚开始的 4 家公司、50 名知识性员工迅速发展到了 1000 家公司、11 000 名专家。更重要的是，YourEncore 项目帮助通用磨坊食品公司引入了大量的外部创新，并找到了延长退休人员知识贡献保质期的方法。泰勒将 YourEncore 项目在通用磨坊内食品公司的成功（至少一部分）归因于他多年注重结果并乐于坚持正确信念所获得的信任。

什么是值得信赖的行动派

值得信赖的行动派明白，如果不先建立信任，他们就不会产生真正的影响力。Staffanson 了解这一原则，这就是为什么他在进入一个新的角色时会把那么多的时间用在建立信任上。随着时间的推移，他不断积累信任，认真对待每一次沟通，持续兑现承诺与责任。对于 Staffanson 来说，信任对整个组织来说都很重要——当然，这是理想的情况。但是，至少人力资源从业人员要同与他们合作的领导者建立强有力的信任关系，这样才能有效地工作，并对业务产生影响。值得信赖的行动派因为积累的信任而被邀请参与到业务讨论中，这样他们可以推动正确的业务讨论和举措。信任的建立是通过聚焦于对业务结果有重要意义的事情，以及交付对业务有影响的结果。

一旦获得信任，值得信赖的行动派会跳出他们的舒适区勇敢地挑战组织的规范、行为和思维方式。他们不会逃避组织需要完成的困难工作，愿意为新的组织战略和重点做出贡献。当他们看到改进的机会时，他们会表达自己的意见，并调动所需资源去推进他们的想法。

他们的意见或观点不一定只与人力资源相关，也可以是关于客户、投资者和其他利益相关者的期望。正如前面的例子所示，泰勒强烈地认为，通用磨坊食品公司需要改变文化规范以处理与人才管理和创新有关的问题。他与通用磨坊食品公司一贯的规范和思维做斗争。虽然业务领导最初反对他的观点，但是最后还是听取了他的意见，因为他们信任泰勒。泰勒能说到做到，所以他有信誉。他还不屈不挠，这是值得信赖的行动派的另一个特点。当业务领导不接受他的想法时，他总会争取到足够的支持，最终得到认可。

值得信赖的行动派是卓越的沟通者，能够以简单和有用的方式来表达复杂的想法。他们使用有效的沟通技巧，整合事实，引导讨论，并就行动方案促成一致意见。在与同事的互动中，他们表现出自信和谦逊。他们向下与员工沟通，横向与同级的同事沟通，向上与主管沟通。

最后，值得信赖的行动派为自己所在的人力资源行业和所扮演角色所做的贡献感到自豪。他们可能是本地或者某行业的人力资源行业协会会员。他们在人力资源实践创新以及新思路的研究方面与时俱进，他们也密切关注其他组织在改善人员管理方面做了哪些努力。他们很可能得到了专业协会的认证。

有意思的是，成为值得信赖的行动派（或以前版本中所说的值得信赖的顾问）仍然是人力资源从业人员能参与业务对话的决定性因素。我们认为第 1 章中的四种力量（STEPED 模型、VUCA、利益相关者的期望和职场现在的个人生存环境）说明了更快的环境变化速度和雇员更高的不适感强化了人力资源专业人士成为值得信赖的行动派的必要性。在 VUCA 时代，取得信任很重要，有助于管理他人。

信誉与行动

信誉与行动的组合使人力资源专业人员能够与他们支持的人员也就是同事建立起信任关系。他们用自己获得的信任来影响他人，他们备受尊重而且积极主动。不积极行动的可信赖的人可能因其见解或专长而受到尊重，但影响力不大。行动派如果没有很好的信誉，尽管有好的想法，也没人会关注。表 6-1 中的矩阵描述了这个概念，至今仍然有效。

表 6-1 值得信赖的行动派矩阵

	不可信赖	值得信赖
行动派	有被视为冲动、傲慢或不了解情况的风险	有机会产生影响
非行动派	有被视为绩效不好的风险	有被视为无关紧要、没有想法、墨守成规或不了解业务的风险

资料来源：Ulrich, Brock bank & Ulrich, 2010.

值得信赖的行动派作为胜任力的演进

在过去 30 年的人力资源胜任力研究中，我们了解了值得信赖的行动派的出现和发展，这个领域的发展分为三个阶段。

- 第一阶段：个人信誉是核心
    - 在 20 世纪 80 年代末和 90 年代，信誉是人力资源胜任力研究模型中的核心胜任力。它是个人的，是基于与个别经理的关系的。人力资源专业人员如果能与他们支持的经理建立良好的关系，并能理解他们的需求且帮助到他们，就会被认为拥有个人信誉。
- 第二阶段：从后台工作到战略前沿
    - 第四轮人力资源胜任力研究的数据（2002 年）显示，尽管个人信誉仍然非常重要，但战略性贡献已经成为人力资源胜任力的核心。最终，仅仅保持与一线经理的关系已经不够了，人力资源专业人员要基于对业务的贡献而建立起信誉。
- 第三阶段：值得信赖的行动派 1.0 与值得信赖的行动派 2.0
    - **值得信赖的行动派 1.0**：个人信誉演变成值得信赖的行动派，并且再次成为人力资源胜任力研究模型的核心。2007 年的研究结果解释了对人力资源专业人员的绩效期望是如何演变，以适应日益激烈的竞争环境、复杂和全球化的商业环境的。人力资源专业人士需要了解内部需求和外部现实，在制定人力资源策略为业务目标做出贡献方面更加主动。另外，与值得信赖的行动派这项胜任力一起提出的要素是做"有态度的人力资源专业人士"。这表明，人力资源专业人士应该是这样的：对人力资源以及整体业务是了解的和有前瞻性意见的。

- **值得信赖的行动派 2.0**：2012 年，值得信赖的行动派仍然是人力资源胜任力模型的核心，但是这项胜任力的一个新的、关键的方面是了解和专注于外部市场环境。随着对参与专业性组织的重视，不断改进、自我发展和自我认识变得越来越重要。"有态度的人力资源专业人士"促进了人力资源专业人士与人力资源专业的联结以及对这个领域的推进。值得信赖的行动派以正确的方式与正确的人一起做正确的事情。我们可以使'有态度的人力资源专业人士'进一步发展成为'有业务洞察力的人力资源专业人士'"，这意味着人力资源专业人士知道如何在不断变化的市场条件下定位他们的组织以帮助组织胜出。这种演变类似于从关系销售到洞察力销售的销售演变，销售通过为客户提供新思路来增加销售额。作为值得信赖的行动派，人力资源专业人士提出实现业务目标的新思路与视角。

尽管值得信赖的行动派不再是人力资源胜任力模型的核心能力，但它仍然是一个区分人力资源个人有效性的差异化能力。新一轮的研究是基于值得信赖的行动派 2.0 的，但是它简化了胜任力以聚焦于推动业务讨论的核心要素上。成为值得信赖的行动派是被邀请到传说中的会议桌（或参与业务对话）的基础。有效的人力资源专业人士通过诚信的品格、优秀的人际交往能力以及敏锐的商业头脑在组织中获得信任与尊重，从而成为值得信赖的行动派。他们非常可靠，说到做到。人力资源专业人士将他们与关键利益相关者建立起来的良好关系转化为积极的影响力。他们用清晰的、前后一致的、有影响力的沟通，让正确的人朝着正确的方向前进。他们在逆境中坚持不懈，从成功与失败中学习。最后，值得信赖的行动派必须能认识自己，在自信与谦逊之间保持适当的平衡。

谁是当今值得信赖的行动派？他们在哪里

第七轮人力资源胜任力调查的主要发现

第七轮人力资源胜任力调查的主要发现有以下几个方面。

- 值得信赖的行动派是在这次调查中得分最高的胜任力领域，这表明人力资源专业人士总体来说能够成功地成为值得信赖的行动派（见表2-8）。这一发现在自我评分与经理评分以及人力资源和非人力资源人员的评分中是一致的。
- 北美的人力资源专业人士比北美以外的人力资源专业人士在值得信赖的行动派上的得分更高。
- 在值得信赖的行动派方面，女性的得分略高于男性（见表2-9）。
- 值得信赖的行动派是最重要的人力资源胜任力，在解释个体人力资源专业人士的整体有效性以及人力资源专业人士为员工创造的价值方面（19.3%；第二高的是战略定位者，占14.5%）尤其如此。

值得信赖的行动派的次领域

在第七轮人力资源胜任力调查中，值得信赖的行动派仍然是高效人力资源专业人士的关键能力，我们发现有两个次领域尤其推动了整体胜任力领域的发展：影响他人并与他人建立关系，通过结果赢得信任。我们在表6-2中看到，在非人力资源的同事给出的评分中，"影响并与他人建立联系"这个次领域的分数要略高于"通过结果赢得信任"。这表明，大多数评估者认为，相比于交付结果，人力资源专业人士通常能够有更好的影响力。还有一点值得注意的是，"影响并与他人建立联系"的自我评估高于人力资源同事的评估（4.39～4.29），这是一个不正常现象（一般自我评分会低于同事的评估）。一线经理对人力资源专业人士的信任非常高（4.45）。也许人力资源专业人士需要利用更多的时间与其他人力资源部的同事建立关系。

表 6-2 不同人群对值得信赖的行动派次领域的评分

	所有人的评估	自我评估	经理评估	人力资源同事评估	非人力资源同事评估
影响他人并与他人建立关系	4.35	4.39	4.3	4.29	4.45
通过结果赢得信任	4.3	4.28	4.21	4.29	4.36

影响他人并与他人建立关系

值得信赖的行动派认真对待他们与同事和业务伙伴的关系，并对这些关系进行投入。他们与上级、下级以及不同部门的人建立关系，他们也会注意发展组织以外的关系，这让他们拥有了一个由外而内的视角来帮助自己应对挑战。从我们帮助人力资源专业人士建立影响力的工作中，我们发现下列行为有助于建立关系和支持值得信赖的行动派的次领域——"有影响力并与他人建立关系"。

- 他们对别人表现出真正的兴趣。
- 他们能平衡谦逊与自信。
- 他们试图从成功与失败中学习。
- 他们展示个人的正直与道德操守。

接下来，我们逐步讨论这些行为。

1. 对别人表现出真正的兴趣

戴尔·卡耐基在他的经典著作《人性的弱点：如何赢得友谊并影响他

人》（2010）中写道："如果你真正地对他人感兴趣，两个月内你所交到的朋友，要比你只想让别人对你产生兴趣的两年里所交的朋友还多。"如果人们喜欢你，他们会更容易听取你的意见并跟随你。在这本书里，卡耐基给出了让人们喜欢你的六种不过时的方法。

- 对他人真正地感兴趣
- 微笑
- 对一个人来说，记住别人的名字在任何语言中都是最甜蜜且最重要的
- 做一个出色的倾听者，鼓励他人谈论自己
- 谈论对方感兴趣的话题
- 让别人认为自己很重要

卡耐基的六种方法中有两个直接关系到对他人真正地感兴趣，而另外四种方法是向他人表明自己对他们感兴趣。根据卡耐基的说法，美国总统西奥多·罗斯福是实践这些方法的典范。每当有不熟悉的人来访时，罗斯福会在前一夜熬夜了解这个人的兴趣或职业，这样他可以更容易地谈论这个人认为重要的事情。罗斯福被认为是美国历史上最有趣的人物之一，他可以轻松地与客人谈论他的生活和经历。他知道，如果他花时间了解别人生活中重要的东西，那么这种互动就更有意义了。

以下内容是与这个概念相关的一些有效的实践原则。

- 了解新同事的情况，询问后续问题。你可以使用类似 David Staffanson 用的方法。当你新加入一个组织时，你通常需要见很多人，这可能让人有点儿害怕。随身携带一个笔记本，用它记下你遇到的人的名字和其他信息。当你和新同事一起共进午餐或晚餐时，努力了解每个人的独特和有趣之处。
- 全天避免使用"我"字。至少，当你尽量避免这样做的时候，你会

发现你有多频繁地谈论自己。
- 通过问问题来更多地了解一个人，例如，你为什么接受这份工作？你为什么喜欢你的工作？你在工作中面临的挑战是什么，为什么？你是怎么想的？
- 以西奥多·罗斯福为榜样。当你需要花很长时间与一个新认识的人在一起或者将与对你的角色有影响的人见面时，事先花一些时间了解那个人做什么，他的专业是什么或者他对什么感兴趣。当你真的想花时间了解他人时，社交媒体可以提供有力的帮助。所以，要事先做一些功课。

2. 平衡谦逊与自信

我们认为，人力资源专业人士应该既谦虚又自信。从表面上看，这两个概念似乎有些自相矛盾，但实际上它们是密切相关的。吉姆·柯林斯（2005）认为，那些想把公司从"优秀"变为"卓越"的领导者具备相似的特点，柯林斯把这些特点称为第五级领导力，是个人的谦逊品质和职业化的坚定意志的结合。第五级领导者是二元的：既谦虚又执着，既害羞又无畏。对于柯林斯来说，美国总统亚伯拉罕·林肯是不容争辩的是第五级领导者的典范。他既害羞又安静，但在带领北方军队打败南方叛军的战争时没有表现出任何优柔寡断，有 600 000 多名士兵在这场战争中牺牲。林肯很擅长运用自己的二元特质。

柯林斯是这样描述一个有谦逊品质的人的。

- 表现出令人信服的谦虚，不公开奉承，从不自吹自擂。
- 做事从容冷静，运用鼓舞人心的标准，而不是鼓舞人心的魅力去激励他人。
- 对公司的发展雄心勃勃，而不是他们自己；为公司以后变得更加卓越而培养接班人。

- 看镜子里而不是窗外，对于失败不推诿，不责备别人，不归于外在因素或坏运气。

我们经常教练领导者，在成功时要像特氟龙一样不"粘住"功劳而是分享出去，在失败时像维可牢尼龙搭扣一样吸取教训，承担责任。有效的领导者或人力资源专业人士会激发他人的信心。我们发现，个人信誉的一个主观但可靠的指标是某人与领导者或人力资源专业人士发生互动以后对自己的感觉更好或者更糟的程度。

3. 从成功与失败中学习

学习要求人们有改进的决心。自我改进始于自我认知和对变革必要性的信念。自我认知是成功的职业发展的有用技能。自我认知是对自己长处和短处的充分了解。虽然听起来容易，实际上并非如此。人们经常根据自己的意图来评判自己（这是他们自己知道的），而其他人则是根据他们的行为来评判他们（其他人观察到的）。自我认知要求一个人看自己如同其他人不带有色眼镜地看他一样。自我认知还要求事后进行个人行动回顾，这样可以真实地了解哪些可行和哪些不可行。自我认知也需要深入思考优点，这对于实现目标至关重要。

组织里有许多工具可以帮助人力资源专业人士评估自己的能力和业绩。还有许多低成本的工具包括本书可以供个人自我评估使用，而不需要占用各自的组织资源。这里有一些工具示例，你的组织可以用它们来帮助你成为一个更出色的人力资源专业人士。

- **胜任力模型**：大多数组织都有该模型，在我们看来，所有的组织都应该有。自我认知的基础是对绩效标准的理解。胜任力模型常常是建立了但没有使用。一旦建立了胜任力模型，组织就必须确保它被有效地使用。
- **个人发展计划（IDP）**：优秀的组织会推动管理者与员工关于每个人

的发展需要的讨论。IDP 应该概括出个人的优点、优先需要改进的地方，并总结出发展机会和达成共识的目标。作为人力资源专业人士，你有责任确保你的组织做一些事情来促进经理和员工之间的这种讨论。

- **培训**：一流的组织提供大量的培训机会。培训是人力资源专业人士建立自我认知、识别优点和缺点、制订改进计划的有利时机。
- **主管、客户和同级的反馈**：360 度反馈可以非常有效地识别优点与缺点，但这取决于组织的坦诚程度。更多公司专注于实时 360 度反馈。例如，普华永道与 GE，它们都各自提供一个可以促进实时反馈的手机应用程序，让员工有机会随时与组织中的任何人分享反馈意见。
- **寻求教练和导师**：现在许多组织请内部或外部的教练来帮助领导者和其他专业人士了解他们如何能更有效率。有一些组织仍然会有正式的导师项目，但我们发现最好的导师关系是自发形成的。人力资源专业人士应该对自我完善和职业发展负责。选择一个能够与导师配合良好的节奏，并与你个人发展的讨论保持一致。
- **事后回顾（AAR）**：是由军队发明的用来回顾与反思行动的影响力的一个结构化流程，目的是弄明白为什么这个行动会发生，将来怎么才能或应该做得更好。自从壳牌石油公司在 20 世纪 90 年代后期开始使用它以来，AAR 已经成为一种有效的商业工具。有效的 AAR 使用的是描述性而不是评价性的语言，注重个体和群体的行为，使用 AAR 能为改进、自我认知、自我反思提供更积极的氛围。

自我改进是不容易做到的。个人和专业上的变革努力失败的例子不胜枚举。成功的自我改进计划包括五个要素。

- 认识到变革的必要性。

- 变革的具体目标、时间安排和行动计划。
- 在采取行动之前、期间和之后的支持。
- 严格的进度监控。
- 来自某个监督者或你钦佩的人的帮助,他们会强化和支持变革的动机与决心。

4. 展示个人的正直与道德操守

有时,你的组织成员可能把人力资源部看作政策警察,而另一些人则视人力资源部为公司文化、价值观和道德观的创造者或啦啦队队长。不论你的组织如果看待人力资源部,它的期望是人力资源专业人员会用正确的方法做正确的事。正直与道德操守是人力资源专业人士产生影响的根本的个人特质,个人诚信是信誉的关键要素。人力资源专业人士有一种特殊的责任,就是按照公司希望创造的文化行事。关于如何对待组织里的其他成员,或者如何对待组织外的顾客或供应商,员工应该能够参考人力资源部,以它们为榜样。

这里有一些关于如何在组织中展示诚信和强化道德操守的建议。

- 制定一个个人行为准则或道德价值观宣言。
- 识别和讨论组织中的灰色地带问题,就是那些由于与正常的观点不同或者公司的方向不明确而产生的操守问题。提前发现问题至关重要,在可能的情况下,设法澄清问题或达成一致意见,这样这些问题就不会在将来成为困扰。
- 帮助他人理解违规行为对同事或整个组织造成的后果。这种做法的额外好处是,有助于人力资源专业人士,一般来说也包括领导层,对如何处理现有问题和今后类似的问题有更深刻、透彻的理解。
- 回顾组织的道德准则或价值观,并帮助其他人将其应用于实际场景中。使用案例分析的方法,运用你们公司的价值观或行为准则来评估其他组织的行动或行为。这不仅有助于强化你们组织的道德准则和价值观,而且是一个发现差距的机会。
- 此外,案例分析还可以进行讨论,帮助员工了解不道德行为的实际影响。分析从其他组织引入的案例有助于分析问题或改变自己组织的行为。我们发现,在我们教学的每个学期或者我们辅导的每个季度的高管项目中,总会有关于道德选择的实际案例。使用新闻中的实时事件来讲解道德操守问题,可以表明道德行为的时效性。

学习影响他人和与他人交往的技巧,对于成为一个值得信赖的行动派至关重要,这反过来又会影响个人在人力资源方面的有效性。从我们早期发现的行为中可知,影响他人的能力是可以通过学习得到的。

通过结果来获得信任

影响力和关系构建信任,但最终的专业效能是以结果为导向的。人力资源专业人士通过兑现承诺和交付结果来获得信任,从而维持和建立有效的关系。以下内容是通过结果来获得信任这个次领域的特性。

- 赢得重要的内部和外部利益相关者的信任。
- 用简单实用的方法整合复杂的思想。
- 在逆境中坚持不懈。
- 有交付结果的口碑。

下面我们来逐个探究一下。

1. 赢得重要的内部和外部利益相关者的信任

值得信赖的行动派所要坚持的原则在我们的研究中不断地被强调,这些与信任相关的原则是基础性的。参考在本章开始时 David Staffanson 的例子。他的笔记本、在车间中所花的时间、与首席执行官的私人谈话等都是与同事建立必要信任的努力。他明白信任是基础，且寻求立即建立信任。在通过结果获得信任方面，我们发现了一些可能有帮助的提示。

- 倾听员工的担忧，这就像办公室的照明灯或舒适座椅一样是最基本的。留意在工作环境中不可避免的后勤问题。
- 从小事开始。我们发现，变化带来了变化，从小而简单的事情开始。我们周围经常会有一些像低垂的果实一样容易实现的目标，或简易的报告、审批流程、会议和政策。这些事情通常很小但往往会带来很大的、意义深远的变化。
- 随着在简单的事情上的成功，试着努力完成更复杂的工作。在做的过程中分享成功的功劳，承担失败的责任。当事情不能按计划进行时，快速学习将来如何改进。

2. 用简单实用的方法整合复杂的思想

值得信赖的行动派擅长沟通，他们认真对待沟通技巧，努力确保沟通是清晰和准确的。当人力资源专业人士能够清楚且有说服力地交流思想，特别是复杂的思想时，他们就能够获得和保持信誉。这种交流可以是口头的，也可以是书面的。如果你觉得你缺乏沟通技巧，那么这里有一些改进的建议。

- 寻找机会在大型会议上发言或参加内部培训。
- 在期刊或博客上发表关于业务问题的文章。
- 参加本地的演讲培训俱乐部或者其他社交组织。
- 让写作行家审核一下你写的材料。
- 观察优秀的演讲者或作家，不用特别关注他们说的什么，而要关注他们怎么说。
- 练习给复杂问题绘制视觉图以厘清关键问题。

3. 在逆境中坚持不懈

作为一名人力资源专业人士，生活不会像在公园里散步那样轻松。我们发现，人力资源专业人士通常会面临巨大的挑战，是分享坏消息和创造新文化的中心。当你每天所有的活动以及你在工作中做出的决定几乎都涉及人的时候，就说明你在做一件很有意义的事。人是组织中唯一的情感资产。作为一名人力资源的领导，你处于影响员工及其生活中艰难决策的最前线。这些决策可能很受欢迎，也可能很不受欢迎；你必须既有毅力又有信念。

以法国航空公司的人力资源副总裁为例。2015年10月，100名对即将出台的重组计划感到不满的员工强行打断了航空公司的工作委员会正在进行的会议。高管团队正在最终确定一项重组计划，其中包括2017年裁员2900人。愤怒的员工企图撕掉高管的衬衫后背。人力资源部副总裁的衬衫也被撕破了，他被迫翻过围墙躲避抗议者。尽管他对这一事件感到震惊，但他还是返回到工作岗位，并继续坚持削减成本以保持公司的竞争力。

虽然大多数人力资源专业人士不会体验到法国航空公司高管的经历，但他们会经历出庭和一些令人不舒服的场合。值得信赖的行动派将这些不利的环境视为成长的机会，设法渡过难关。

4. 有交付结果的口碑

前面提到，专业表现是以结果为导向的。履行承诺和交付成果的记录在任何组织中都是建立与保持信任的基础。

纽约洋基队投手马里安诺·李维拉在2012年赛季前一个月韧带断裂了，当时有人认为他的职业生涯结束了。李维拉已经讨论过在2012年赛季后退休的，当时他已经42岁了，并遭受了一个赛季的伤痛折磨，加上他的继任比他年轻且表现非常出色。当李维拉表示他想回来，并承诺他将在2013年春季开训前恢复状态时，洋基队的领导毫无疑问地认为他会准备好且会发挥出色。李维拉已经连续16年取得了很好的成绩，并且一直是球队中身体最健壮的球员之一，所以球队与他签订了一年的合同。2013年赛季最终成为洋基队投手的另一个辉煌年。

如果李维拉在受伤之前只在几年时间里表现出色，那么洋基队支付给一名受伤的球员一个赛季1000万美元的概率是很低的。他与洋基队建立了信任。人力资源专业人士应该做同样的事情。值得信赖的行动派通过始终如一地信守承诺来建立信任。以下内容是帮助持续交付结果的一些建议。

- 建立清晰的绩效目标。
- 信守承诺（这是显而易见的，但是我们有时候仍然需要被提醒）。
- 谨慎承诺，超额完成。
- 聚焦于实现预先谈好或预先宣布的承诺上。
- 力求不犯错误。
- 创建人力资源的标准来跟踪人力资源的产出和产出的方法。
- 应用六西格玛质量标准和流程，提高所有人力资源活动和实践的准确性。

结论

希望为业务增值的人力资源专业人士需要参与到业务的讨论中。为了被邀请参与这些讨论，人力资源专业人士必须首先展示出值得信赖的行动派的胜任力特征。他们需要值得信赖；他们需要有见解，并愿意表达见解。值得信赖的行动派通过交付成果、改善个人/专业业绩、发展内部/外部的信任关系以及利用信任来影响他人，从而建立信誉。

第 7 章

战略定位者：不仅仅是了解业务

在第 6 章中，我们讨论了成为值得信赖的行动派的重要性，人力资源专业人士成为值得信赖的行动派才有可能被邀请参与到业务讨论中。然而我们知道，仅仅参与到业务讨论中或者可以接触到业务并不能保证产生影响力，仅仅依赖个人的关系也不足以产生影响力。

人力资源专业人士应该成为一个平等的合作伙伴，为组织制定方向并使其朝着正确的方向发展。被邀请参与到业务讨论中并不等同于当讨论开始时知道说什么。如果人力资源专业人士没有用正确的方法去解决正确的问题，那么他们在业务讨论中的作用将被忽略或大打折扣。当人力资源专业人士在人才、领导力和组织方面能提供独特的信息、独到的见解和建议时，他们就成为能帮助组织发挥竞争优势的战略定位者。然而，对于那些参加业务会议以及设计和实施人力资源做法的每个人力资源专业人士来说，他们很清楚（也许不清楚）作为战略定位者的人力资源专业人士为外部利益相关者增加价值的模式是怎样的。

战略定位者实例

2007 年秋天，一家跨国私募公司黑石集团收购了希尔顿酒店。2009 年希尔顿酒店的新任首席人才官马特·斯凯勒（Matt Schuyler）上任时，由于全球经济的全面衰退，旅游业的业绩严重下滑。黑石集团在收购希尔顿酒店时为了将投资资本化，采取了激进的增长策略，并打算尽快实现这一目标。

希尔顿酒店的增长机会很有希望。公司有标志性的历史、人尽皆知的品牌（包括希尔顿酒店及其旗下分支，希尔顿逸林酒店、大使套房酒店、汉普顿酒店、家木套房酒店和华尔道夫酒店）和非常有才华的员工，他们被称为"团队成员"。然而，希尔顿酒店缺乏整合，绩效平平，房间入住增长率停滞不前。希尔顿酒店需要一次全球性的变革来充分发挥其潜能。

在了解了外部环境对业务的影响之后，希尔顿酒店的业务领导者决定将战略重点放到四个关键方面：整合文化与组织，最大限度地提高整个企业的业绩，强化其品牌和商业服务平台以及扩大全球影响力。斯凯勒和他的团队与希尔顿酒店的总裁兼首席执行官克里斯·纳塞塔和其他高管紧密合作，寻找推动整合的突破口，以支持这些战略重点帮助公司成功。在斯凯勒参观各地的酒店时，他很快就知道他的团队应该如何帮助公司实施战略了。

斯凯勒发现，他访问的每一家希尔顿品牌酒店都在不同的愿景、使命和价值观下运作，这导致缺乏重点和身份认同。他的团队还发现了 320 多条会导致混乱的人力资源政策。这些政策中有许多已经过时了，而且对团队成员的敬业度产生了负面影响。对于一家酒店业企业来说，员工的敬业度和一致性至关重要，直接影响到客户的体验，最终影响到公司的业绩。希尔顿酒店不一致的政策使得公司很难制定一个团队成员可以共同遵循的方法，以确保宾客无论入住哪一家酒店，都可以享受到良好的住宿体验。

斯凯勒团队做的第一件事是制定新的简化的愿景和使命宣言以及公司的价值观。他们想找到更简单的方法让所有团队成员都能理解和铭记愿景，同时也与公司的四大关键战略一致。他们从公司创始人康拉德·希尔顿那里总结出了一个愿景——"让世界充满阳光，让大家都感受到热情的温暖"和一个简单易懂的使命来指导希尔顿酒店前行的道路。当时整理出的价值观在希尔顿酒店依然保持不变——HILTON，代表着热情好客（hospitality）、正直诚信（integrity）、忠诚（loyalty）、团队合作（teamwork）、主人翁精神（ownership）和即时行动（now）。人力资源团队在向团队成员传达变化在过程中起到了积极的作用，团队成员很好地接受了这些理念。

下一步是对人力资源生态系统进行彻底的改革。在关键的人力资源岗位上有了合适的人，团队随时准备改进和规范整个组织的基础设施、流程和系统。人力资源团队专注于为公司团队成员提供理想的工作环境、良好的职业发展和丰厚的回报。作为这项工作的一部分，人力资源部重建并简化了对人才生命周期管理的方法。他们搭建了专门的招聘系统，并配备了专门的资源来招募团队成员。当团队成员就位后，他们就开始简化人才、绩效和薪酬流程，并给员工提供有吸引力的福利。他们还通过加强人才规划流程来改进对员工离职的管理。

希尔顿酒店设计了一种基于共同的愿景、使命、价值观和战略重点的统一文化，公司开启了高绩效模式。以这些调整过的文化为指导，希尔顿酒店的领导团队重新整合业务，尽管全球经济不景气，但是他们还是创造出了行业领先的增长率，取得了优异的财务回报。当公司于2013上市时，希尔顿酒店成为美国最大的房地产IPO、全球最大的房地产上市公司，以及历史上第12大市值公司。自2007年以来，希尔顿酒店的客房总数增加了超过56%，计划开发中的客房增加了一倍多，正在建造的房间增加了三倍多。

这对团队成员的影响是显著的。在希尔顿酒店最近一次的员工敬业度调查中，99%的员工都认同了公司价值观，这表明人力资源部在沟通和整合新价值观方面表现出色。调查报告显示，团队成员敬业度和信任的得分也逐年稳步上升。此外，希尔顿酒店还超过了它的几个主要竞争对手，荣登《财富》评选的"最适宜工作的100家公司"榜单。马特·斯凯勒和他的人力资源团队在帮助希尔顿酒店转型中起到了真正的战略定位者的作用。

什么是战略定位者

当我们询问人力资源专业人员需要做什么才能有效时,最常见的答案是众所周知的"了解业务"。这种回答与早期人力资源胜任力研究的调查结果是一致的,但仅仅"了解业务"还不够。多年来,这种与业务相关的胜任力已经演变成了我们现在所说的战略定位者。在这一轮的研究中,我们继续使用"战略定位者胜任力"这一词语,它在给外部利益相关者提供价值方面更加适合。

使用"定位者"这个词语是经过深思熟虑的。人力资源专业人士要想对业务战略做出贡献,首先要了解业务运作的商业背景。定位是指人力资源专业人士了解商业背景和为组织创造未来的能力——认识新趋势并对其做出反应的能力。例如,希尔顿酒店的斯凯勒意识到,爱彼迎有超过 1 500 000 个房源,这将是世界上最大的房屋出租业务。对于希尔顿酒店来说,如果想赢得客户的忠诚,需要的不仅仅是房间和床,还需要优质的服务。客户体验的关键来自希尔顿酒店的团队成员,他们确保了出色的服务。理解了这一点,人力资源部就能帮助希尔顿酒店定位在赢的轨道上。定位不仅仅是能够识别和灵活应对新的机会,还意味着能够改变组织来适应这些机会。斯凯勒和他的团队了解客户、投资者和社区的需要,并为他们的问题提供创新的解决方案。

这一胜任力领域的本质是人力资源专业人员必须能够评估外部和内部的商业环境,包括社会、技术、经济、政治、环境和人口的趋势(见第 1 章),从而有效地将企业战略转型为正确的人才、领导力和组织行动。战略定位者必须了解其组织所在行业与市场的潜在竞争动态,包括客户、竞争对手、供应商渠道,也需要了解股东和潜在股东的期望(不管是债务还是股权)。他们运用自己的知识和经验,共同创造组织的未来愿景。最后,他们将这一愿景运用到制定组织战略上,始终使本组织的行动符合外部利益相关者的期望,并预测竞争环境的趋势。

在过去 30 年的人力资源胜任力研究中,我们看到了战略定位者领域的出现和演变。我们可以将这个演变过程分为四个不同的阶段。在《由外而内的人力资源》(*HR from the Outside In*,2012)一书中,我们提到这些阶段并不是相互独立的,而是相互关联、相辅相成的,从而成就一个战略定位者。随着在第 1 章中谈到的四大力量的加强,成为战略定位者的四个阶段在今天变得更具有关联性。战略定位者必须掌握每个阶段所需的技能,以实现个人和部门的价值,对于外部利益相关者(第三阶段和第四阶段)尤其如此。

成为战略定位者的四个阶段如下。

1. 掌握业务的语言和流程
2. 识别并传递战略和竞争优势的来源
3. 理解外部利益相关者并与之共同创造
4. 预测和应对外部商业趋势与背景

我们接下来逐个讨论这四个阶段。

阶段一:掌握业务的语言和流程

业务语言主要强调的是财务方面的知识,但包括对公司的成功至关重要的任何业务类别(市场营销、战略、IT 等)。

如今人力资源工作跨越职能边界来与市场部门(建立公司、领导力和员工的品牌)、财务部门(利用人力资源去管理财务回报以及为投资者管理无形资产)和信息技术部门(如在第 4 章中讨论过的,信息技术是确保企业成功的关键)合作的程度比以往任何时候都大。因为害怕或不喜欢数学和复杂的财务公式,人力资源专业人士总是回避学习财务知识。然而,我们发现，人力资源专业人士需要掌握足够的业务语言，以便参与、理解和促进业务对话。在我们的早期研究中，我们为人力资源专业人士开发了一个业务知识测试（见表 7-1），他们今天仍需努力掌握这些知识。

表 7-1　业务知识测试

谁是我们最大的全球竞争对手，为什么人们要从他们那里购买产品
我们的股票价格是多少？市值是多少
我们的市盈率是多少？是什么因素影响了市盈率？我们的市盈率与竞争对手相比如何
我们部门和 / 或公司去年的利润和收入是多少
我们在市场上的品牌和声誉如何？这些是如何塑造我们公司的内部文化的
我们的市场份额是多少
我们的市场份额是在增长，还是在萎缩
我们行业面临的新的技术趋势是什么
今年我们业务领导最重要的两个或三个目标是什么
谁是我们最大的客户，他们为什么要从我们这里购买产品？谁是我们最近丢失的主要客户，他们为什么离开我们
谁是我们的主要竞争对手？他们什么地方做得比我们好？我们哪里比他们做得好？顾客最看重的是什么
什么样的社会和政治趋势可能会颠覆我们的行业

阶段二：识别并传递战略和竞争优势的来源

2002 年，"业务"胜任力领域演变成了我们所说的战略贡献。我们发现了解业务也就意味着了解组织的战略和竞争优势。人力资源专业人士应该知道企业是如何盈利的，以及企业的主要优势是什么。战略决策、快速变革、基础架构设计和文化管理是此胜任力领域的关键要素。

阶段三：理解外部利益相关者并与之共同创造

人力资源专业人士需要了解细分市场、客户、竞争对手、供应商、投资者等。外部利益相关者是一个新的关注点。人力资源部需要知道他们是谁，怎样与他们建立关系，以及怎样利用他们来制定有效的人员管理标准。例如，应该告知员工顾客的期望并使之成为聘用和晋升、绩效管理、培训和发展目标以及领导力的行为标准。我们在对与目标客户的合作进行了广泛的研究后，发现这种合作能够带来可持续的价值，并验证了整合客户期望的做法。在希尔顿酒店中，斯凯勒发现客户的体验与团队成员的情绪密切相关。此外，人力资源专业人士不仅要了解客户，还要了解投资者。我们通过研究还发现，投资者的信心（对未来收益潜力的预期）部分产生于他们对无形资产（或如第3章中讨论的组织能力）的认知，而这些反过来又正是由我们所说的领导力资本所塑造的。

阶段四：预测和应对外部商业趋势与背景

我们在2012年的研究中将这个逻辑进行了演变，以定义战略定位者。人力资源专业人士需要了解他们组织运营的商业背景，了解社会、技术、经济、政治、环境和人口的趋势（见第1章的STEPED模型），以及这些因素如何影响不同的行业和区域。他们将自己对外部环境和趋势的了解转化为对内的行动力。希尔顿酒店首先了解了经济环境，然后才制定了公司的战略，并将组织实践与该战略统一起来。自从在2012年的研究中阐述了这个由外而内的逻辑后，我们看到，要求人力资源专业人士在客户、投资者和社区利益相关者的预期中做出选择的压力越来越大。**人力资源部不再仅仅执行由他人制定的战略，人力资源部必须通过理解新兴市场机会来帮助组织共同制定战略。**

大多数人力资源专业人士认识并做到了阶段一和阶段二，但我们认为，为了使组织能力定位于预测和应对外部影响，必须做到四个阶段的所有要求。业务知识已经成为战略定位者的入场券。人力资源专业人士必须做更多的工作，更积极地为未来的成功做好准备。他们必须掌握业务基础知识（除了财务知识之外），帮助制定战略和成为战略的制定者，与外部利益相关者保持一致，并对外部趋势进行预测和反应，从而更全面地参与业务讨论。

我们从 2016 年的 HRCS 中了解到了什么

业务的成功来自人力资源专业人士能够有效地预见外部机会，并将这些机会转化为业务战略，然后培养出合适的人才、领导力和文化。这一轮的研究表明，人力资源专业人士在总体上扮演着有效的战略定位者的角色，但这并不容易，这也是我们认为这个能力能否创造价值的一个区别因素。

- 战略定位者是第三个得分最高的胜任力领域，总的来说，仅次于合规管控者和值得信赖的行动派。最高评分来自非人力资源的同事，这说明一线经理对于人力资源的贡献给出了积极的评价。
- 战略定位者在各区域得分的差异很大，北美最高（平均值 4.25）而日本最低（平均值 3.85），这表明不同区域对人力资源专业人士参与战略的期望不同。
- 战略定位者是解释单个人力资源专业人士的整体有效性和为一线经理和员工创造价值的第二个最重要的胜任力。
- 战略定位者是人力资源专业人士最重要的能力，因为它能为外部利益相关者创造价值。这个关键的发现有助于表明当人力资源部被邀请参与业务讨论时，了解他们是为谁服务这一点的重要性。如果人力资源专业人士希望主要为组织内的员工和一线经理服务，那么他们应该继续依靠值得信赖的行动派这个能力（听我的，因为你信任我）。但是如果人力资源专业人士想影响外部利益相关者（客户、投资者、社区与监管机构），他们就需要成为战略定位者（参考表 2-11）。如果人力资源部专注于成为值得信赖的行动派而不能发挥战略定位者的作用，人力资源专业人士就会被邀请参与业务讨论，但是不能针对企业的战略方向提出意见。如果成为战略定位者，人力资源专业人士就可以使用自己的话语权去帮助企业为关键外部利益相关者创造价值。

- 同样的外部利益相关者影响模式一般也适用于自主行事的人力资源专业人士（见表 2-11），以及设计和提供增值服务的人力资源专业人士（见表 2-12）。只有当人力资源专业人士代表了人力资源实践的设计和交付时，战略定位者影响外部利益相关者的模式才会发生变化，因为作为一个战略定位者是与为一线经理创造价值负相关的。显然，为了提高一线经理感知的价值，人力资源专业人士不仅应该专注于设计和交付人力资源实践，还应该展示人力资本管理者的技能（见表 2-12）。一线经理希望人力资源专业人士更多地专注于人力资本（人才）工作而不是去构建战略。这可能是因为一线经理视战略决策为他们的领域，或者他们可能没有接触过能在这个领域创造价值的资深人力资源专业人士。
- 成为一个战略定位者是仅次于矛盾疏导者（见表 2-12）的推动企业财务表现的第二关键的人力资源胜任力。

显然，成为一个战略定位者仍然是人力资源个人有效性，利用人力资源为关键利益相关者服务，以及推动业务成果的核心驱动力。

战略定位者的子领域

在第七轮人力资源胜任力研究中，战略定位者领域被分解成三个子领域：解读商业环境、了解利益相关者的期望、了解内部业务运营。子领域的得分如表 7-2 所示。

表 7-2　不同评估者对战略定位者子领域的评分

	战略定位者				
	所有人的评估	自我评估	经理评估	人力资源同事评估	非人力资源同事评估
解读商业环境	4.22	4.18	4.06	4.22	4.30
了解利益相关者的期望	4.07	3.95	4.07	4.07	4.16
了解内部业务运营	3.97	3.81	3.73	3.98	4.05

有趣的是这三个子领域之间的分数变化。人力资源专业人士在解读商业环境方面要比了解顾客的期望或了解内部业务运作方面表现得更加出色。这意味着战略定位者总体的高得分主要取决于人力资源专业人士解读商业环境的能力。尽管根据我们在以前的著作里所强调的人力资源由外而内的视角、解读商业环境是非常重要的，但如果不能将这种理解与利益相关者的期望和内部业务运作相结合，人力资源专业人士解读商业环境的能力是不够的。在本章开头介绍的希尔顿酒店成功的关键就是整合了这三个关键部分。

接下来，我们逐个讨论每个子领域。

子领域一：解读商业环境

这个重要的子领域依次有四个关键要素。

- 了解组织外部环境的变化。
- 了解组织中谁做关键性决策。
- 了解外部客户的期望。
- 了解组织中各个部门是如何赚钱的。

下面我们再逐个探讨这些关键要素。

1. 了解组织外部环境的变化

对人力资源专业人士来说，日益重要的是有能力了解组织中某部门的外部环境变化的能力（如第 1 章中的四大力量）。为了帮助领导者特别是人力资源专业人士了解他们运营的大环境，我们设计了一个简单的框架，概括了他们在每个有业务的国家或地区应该关注的商业背景。我们在第 1 章中介绍了 STEPED 模型，但我们认为非常有必要在这里更详细地讨论一下这个模型，这样人力资源专业人士就能够更充分地利用这种逻辑来理解外部环境。

- 社会趋势：健康、生活方式、家庭模式。

- 技术趋势：互联网的接入与使用。
- 经济趋势：通货膨胀、经济衰退、关键行业。
- 环境趋势：可持续发展问题。
- 人口趋势：年龄、教育、种族、性别、收入。

与这些 STEPED 模型有关的问题重新定义了工作的性质和工作的方式。当人力资源专业人士掌握了关于 STEPED 模型有关问题的实际知识时，他们就能更好地了解这些外部商业因素如何影响他们的组织和人力资源工作，以及能够监督和指导影响市场的决策。

表 7-3 提供了一份问题清单，可以用来引起讨论和概括人力资源专业人士如何思考他们面对的外部环境，这些问题也可以用于一个区域（例如，组织可能会在一个新国家中参与竞争）或者一个行业分支（例如，一条新的生产线）中。在第 1 章中，我们将饮料业作为使用 STEPED 模型的例子。现在，我们提供更具体的问题来帮助人力资源专业人士理解外部环境。

表 7-3 与 STEPED 模型有关的问题

STEPED 模型中的类别	提问
社会方面	• 什么是健康模式（身体上的、情绪上的） • 家庭模式是什么样的（已婚、未婚、离婚，几个孩子） • 宗教趋势是什么（文化遗产、活动） • 城乡混合和迁移是什么 • 生活方式（工作日、周末、主要爱好）是什么 • 住房情况（公寓、住宅）是怎样的 • 社会问题（例如，毒品、犯罪）是什么 • 谁是这个地区的英雄或名人（过去和现在） • 饮食和饮食模式是怎样的
技术方面	• 他们的通信机制（媒体、电视）和它们的独立性怎样 • 该地区的技术成熟度水平（互联网使用、计算机接入）怎样 • 社交媒体的使用情况
经济方面	• 国内生产总值是多少？相对于其他国家，它怎么样 • 他们处在什么经济周期（经济衰退、增长） • 失业率是多少 • 领先的产业以及领先的企业有哪些 • 贫富差距（中产阶级的规模）是怎样的

（续）

STEPED 模型中的类别	提问
政治方面	• 他们的政治历史是什么 • 政治稳定性怎样 • 对私有企业有多少监管（政府在行业中的作用是什么） • 他们的政府是开放的吗（还是专制的） • 他们的政治遗产是什么（民主、议会、国王或家族统治） • 政治热点问题是什么 • 军队和政府的关系是怎样的 • 腐败有多严重
环境方面	• 人们担心的环境问题是什么 • 组织如何对待社会责任问题 • 该地区如何参与全球会议和趋势
人口方面	• 平均年龄是多少 • 出生率是多少 • 教育水平如何（公立或私立） • 收入水平如何（收入差距）

社会趋势可能通过改变员工对公司的期望来影响员工的价值主张的效果。技术趋势可能会影响远程工作的程度。经济趋势可能会影响投资、产品和人才具有竞争力的机会。政治趋势可能会影响一家公司的监管和合规义务。环境趋势可能会形成有助于吸引人才的社会责任计划。人口趋势可能影响人才的来源。在未来，人力资源专业人士应该在全球范围内熟悉这些通用的商业条件，这样他们就可以预见接下来在行业和组织中可能会发生什么并知道如何应对。

STEPED 模型是一个可以用来更好地了解外部环境的工具，当然也有其他的工具和活动可以用来了解商业环境并使你的业务在市场中获得胜利。表 7-4 列出了要想获得这项胜任力需要完成的事项。

表 7-4 解读商业环境的活动

人力资源专业人士如何获得外部知识和见解	
1. 阅读正面和负面的分析报告	4. 参加行业的贸易展
2. 阅读有关你的公司的杂志、报纸和文章	5. 掌握内部市场报告
3. 阅读有关你的行业的杂志、报纸和文章	6. 了解内部市场报告是如何生成的

（续）

人力资源专业人士如何获得外部知识和见解	
7. 在购买环境中拜访客户	14. 参加销售会议
8. 在产品或服务使用环境中拜访客户	15. 邀请客户、分析师、利益相关者到培训上演讲
9. 详细研究竞争对手	16. 邀请客户、分析师、利益相关者参加培训
10. 亲自参与市场调查	17. 邀请客户、分析师、利益相关者到管理会议上演讲
11. 跟踪细分市场的财务分析	18. 邀请客户、分析师、利益相关者到人力资源会议上演讲
12. 参加市场会议	19. 邀请客户、分析师、利益相关者到一线运营者会议上演讲
13. 参加产品开发会议	20. 了解你不了解的

2. 了解组织中谁做关键性决策

关键决策人往往是那些控制着重要资源的人，但也不一定总是这样。你需要发现组织中的领导者是谁，并通过与他们的合作和你的开放心态来获得他们对未来的承诺。记住，组织中的一些最重要的领导者可能不是因为职位而被视为领导者，而是因为他们的经历和经验所产生的影响力和信任。最后，不要局限于仅仅了解你所在的部门、办公地点或地区以及那里的决策者。定期与公司内不同部门和区域中的同事联系，了解他们对业务趋势的看法。你可以在你的组织中绘制一幅关键人物的影响力地图。这幅影响力地图的网络显示了谁和谁联结以及信息共享的方式。它将帮助你识别影响模式的路径。了解网络中有影响力的人将帮助你找到合适的人，并通过与其合作来实现你的想法。

3. 了解外部客户的期望

在组织中的所有潜在利益相关者中，我们发现客户是需要最多关注的。如果没有一个愿意购买你的产品或服务的稳定的客户群，组织将不复存在。鉴于令人难以置信的变化速度（如第1章概述），与客户保持联系，预见客户需求，对于想成为战略定位者的人力资源专业人士尤为重要。这意味着人力资源专业人士需要做以下这些事情。

- 了解客户的购买标准。
- 帮助阐明客户的价值主张以引导组织内部的行动。
- 与客户、利益相关者和员工一起建立公司的品牌。
- 确保你所在企业的文化（和品牌）在外部利益相关者的心目中得到认可。
- 设计一种专注于满足外部客户需求的文化。

人力资源专业人士通过以下三个步骤来指导他们的组织共同建立客户的聚焦点。

1. 谁是我们的目标客户？ 人力资源专业人士可以与市场和销售部门一起根据收入、购买模式、渠道、规模和机会来细分客户。我们曾与人力资源专业人士合作，将市场细分方法放到培训中，这样组织里参加过培训的学员就能够识别目标客户了。

2. 目标客户最看重什么或他们的购买标准是什么？ 人力资源专业人士可以帮助定义目标客户的价值主张（价格、速度、服务、质量、创新或价值）。人力资源专业人士培训市场和销售人员进行市场调研与收集客户有价值的数据。当内部员工掌握了市场调研的方法（而不是将市场调研工作外包给市场调研顾问）时，员工就会对客户的购买标准更加敏感。

3. 组织如何与目标客户建立可持续性的客户关系？ 人力资源专业人士可以审计和调整他们的人力资源做法以便更好地以客户为中心。以客户为中心的人力资源部会让客户（直接和/或间接地，通过详细了解客户需求）参与制定招聘标准，面试潜在的候选人（特别是高层），确定绩效指标，作为学员或演讲者参加培训，分配奖金，参加交流论坛，以及管理组织决策。

我们还发现了一些旨在帮助人力资源专业人士更好地了解客户期望的

其他活动。

- 进行一项包括对主要客户的价值链分析的研究，以及界定谁是客户。他们的购买标准是什么？他们目前购买谁的产品？你和主要竞争对手相比，你哪里最强、哪里最弱？
- 与顾客讨论他们当前和未来的需求。如果这不太可能做到，那就利用一些时间与销售和市场团队成员和/或其他在一线工作的人比如代理商一起工作，试着从他们那里收集你需要从客户那里收集的信息。我们建议人力资源专业人士留出约5%的时间与客户接触，或者与销售和市场等能接触客户较多的部门接触。
- 查看客户业绩数据，以了解他们的满意度和期望。
- 到一个跨职能的团队中工作。这个团队的任务是发现客户的购买习惯，并提出提高市场份额的措施。
- 与市场部合作，让员工更广泛地参与市场调研工作。确保通过努力收集来的信息被用于解决客户问题，以及改进客户满意度指标。
- 充当顾客。就是使用你公司的产品或服务。
- 审计你的人力资源实践。查看它们反映客户期望的程度。

当人力资源专业人士了解了客户的期望时，就必须把这些信息付诸行动，将客户期望融入人力资源实践和流程的设计，帮助自己的组织获得长期的成功。

4. 了解组织中各个部门是如何赚钱的

当你努力了解了顾客是谁，以及他们为什么购买你的产品或服务时，你就已经大致了解了你的组织是如何赚钱的。与市场、财务和运营部门联系也是有必要的，因为这样你就能了解谁在买什么，为什么买，什么产品线利润最高，哪里还有提高运营效率的空间。当你了解了你的组织如何赚钱时，你将能更好地了解业务战略和资源分配，并能够围绕这些话题展开对话。

子领域二：了解利益相关者的期望

这个子领域包括两个要素。

- 了解投资者的期望和他们如何评估你的组织。
- 帮助投资者了解部门的领导力质量。

后面将对这两个要素进行解释。

1. 了解投资者的期望和他们如何评估你的组织

在当今竞争激烈的环境下，投资者变得更加活跃。由于无形资产占了整体市场价值的70%（例如，亚马逊这样的公司的市场价值远远超过其收益），人力资源工作可以开始帮助企业在投资者心中留下对这些无形资产的印象。无形资产往往代表着公司所拥有的能力，这也正是投资者所关注的。许多与客户有关的原则都适用于投资者，例如，①谁是我们的目标投资者，②为什么他们投资我们（无形资产和有形资产），③我们如何与这些目标投资者建立可持续的关系？人力资源部可以利用人力资源实践来给投资者树立对未来收益的信心。

投资者用来评估公司市场价值的方法已经发生了变化。没有两个投资者会用同样的方法评估，但是我们通过评估方法演变的三个阶段观察到了一些变化。随着评估方法的演变，它越来越受到诸如品牌、创新和领导力等无形因素的影响。

在阶段一中，投资者根据收益、现金流和盈利能力等会计准则来定义财务回报从而决定市场估值。在阶段二中，由于市场的变化和不确定性、信息和全球化，公开报道的财务数据不能准确地反映其价值。因此，巴鲁·列弗和他的同事在公司估值方面的不懈努力显示，大家对无形资产如战略、品牌、研发、创新、风险和信息流的兴趣越来越大。这些无形资产预示着公司的盈利能力和市场价值（详见 Ulrich & Smallwood, 2003）。在新出现的阶段三中，长期投资者意识到领导力至关重要。我们在调查中发现领导力在投资者的决策中占 25% ～ 30% 的权重。领导力成为无形价值的预测指标，从而影响财务回报。我们建立了一个领导力资本指数，投资者可以用它来决定公司内部的领导力。人力资源专业人士可以利用这些信息来确保培养领导力的人力资源实践对投资者是有意义的。例如，一家大型公司在设计领导力项目时让投资者一起设计、参与或者演讲，这样会使投资者对这个公司的领导层更有信心。鉴于投资者对无形资产和领导层的关注度的提高，人力资源专业人士可以在建立投资者信心方面发挥更积极的作用。

2. 帮助投资者了解部门的领导力质量

正如投资分析的演变一样，有效领导力的定义也经历了三个阶段。在第一个阶段中，领导力理论家试图找出一组成为有效领导者的核心的人口或个人特征：身高、性别、文化背景、说话风格。许多领导力理论家和顾问强调的是某一个胜任力领域（如真实性、情商、战略、执行力、人才管理或人力资本开发（见领导力代码））。在这个阶段中，领导者的行动最重要。在第二个阶段中，领导力理论家认为，有效的领导者根据他们手中的任务为他们组织的内部因素（例如员工、组织或战略成果）创造价值。情况可能因团队成员的成熟度、任务的复杂性、完成工作的时间跨度或工作成果的不确定性而有所不同。在这个阶段中，领导行动的结果比行动更重要。没有为他人创造价值的领导力只是自娱自乐，而不是真正的领导力。在新出现的第三个阶段中，领导力质量取决于为组织以外的人员创造的价值。有效的领导力不仅仅是领导者知道什么和做什么，也不是他们如何推动组织内部的绩效，而是他们的行动如何影响外部人员的体验。外部利益相关者可能包括社区、客户（见领导力品牌）或投资者（见领导力资本指数）。

我们把人力资源专业人士看作战略定位者，致力于提高投资者感知的领导力质量。这样做不仅增加了市场价值，而且还增加了财务收入。

人力资源专业人士可以帮助投资者对自己的公司的领导力质量建立起更大的信心。传统上，对领导力的评估，特别是来自投资者的评估，往往是主观的且依赖于"直觉"的。我们想找到一个更缜密的方法，我们认为，需要一个领导力资本指数，类似于穆迪或标准普尔的金融信心指数，所以我们创建了一个这样的指数（见戴维·尤里奇出版的《领导力资本》）。该指数是基于对投资者的调查和面谈以及对领导力的影响的研究。从这一分析中，我们可以得到一个指数，投资者可以用它来评估一家公司，公司可以用它来帮助投资者认识该组织的领导力质量。

领导力资本指数有两个维度：个人维度和组织维度。个人维度是指组织的中高层领导者及其管理团队的个人素质（胜任力、特质、特点）；组织维度则是指领导者创建的在整个组织范围内管理领导力的系统，以及将这个系统应用到特定的业务环境。每个维度包括五个要素。

个人维度

1. 个人效能：领导者在多大程度上表现出一个有效领导者的个人素质（例如，智力、情感、社交、体能和道德行为）？

2. 战略效能：领导者在多大程度上能清晰地阐述对未来的看法，并相应地调整公司的战略定位？

3. 执行效能：领导者在多大程度上实现目标并兑现承诺？

4. 人际效能：领导者在现在和未来培养下属的能力、承诺和贡献？

5. 领导力品牌效能：领导者在多大程度上与客户期望持续地保持一致？

组织维度

1. 文化能力：领导者在多大程度上创造一种以客户为中心的文化？

2. 人才管理：领导者在多大程度上管理人才的流入、流动和流出？

3. **绩效责任**：领导者在多大程度上建立了强化正确行为的绩效管理实践？

4. **信息**：领导者在多大程度上管理整个组织的信息流（例如从上到下、从下到上、从一边到另一边）？

5. **工作实践**：领导者在多大程度上建立组织和治理机制来应对当今商业环境中日益加快的变化速度？

随着投资者对分析领导能力的需求的增长，人力资源专业人士不仅可以在评估其高管和组织的领导能力方面积极主动，而且当他们能更加熟练地解读和理解测评结果时，他们还可以促使评估结果进入投资者的视线。前面列出的因素构成了一个有效的起点。

当人力资源专业人士把领导力资本指数的概念介绍给投资者和董事会时，他们会对公司的市场价值产生显著的影响。

子领域三：了解内部业务运营

同样地，在这个子领域里有两件需要做的事。

- 帮助制定组织里部门的战略。
- 准确预测组织里部门的风险。

我们在这里探讨这两件需要做的事。

帮助制定组织里部门的战略

多年来，人力资源专业人士希望参与战略讨论，当被邀请参与讨论时，他们会主要关注战略的实施。但是现在大家的期望是人力资源能够有助于形成战略的内容（对组织未来的展望）和过程（内容是如何产生的）。

业务部门的战略内容涉及两个基本问题：我们在哪里竞争？我们如何获胜？人力资源专业人士应该能够就这两个问题提供信息。企业在哪里竞争可以取决于所拥有的技能。美国运通公司在数据处理方面找到了商机,这是其信用卡业务的核心竞争力;GE 进入物联网领域,这是其技术能力基础的延伸;IBM 收购普华永道,发展其服务和咨询业务。一家公司的成功往往与人才(正确的人、正确的技能、正确的地点、正确的时间和正确的动力)的执行能力有关,组织中各个级别的领导力与在信息、创新、服务、协作和效率等方面的组织能力密切相关。人力资源专业人士为这些战略问题创造价值,这样他们就帮助组织形成战略的内容。

人力资源专业人士还通过确定谁应该参与战略制定的过程来影响战略流程。鉴于我们运作的商业环境的复杂性,战略流程的一部分是制定一个简单、易于理解的战略,并可以被广泛地分享和付诸实施。我们认为,人力资源专业人士可以用一种对领导者有用的且易于理解的方式来表达复杂的理念,从而为战略讨论增加价值。他们帮助识别和管理风险,同时提出可供选择的见解,以确保思维的多样性。然后,人力资源专业人士需要将商业战略转化为人才和文化举措。当人力资源专业人士试图做这些事情时,他们最终会通过扮演三个角色来帮助推动战略的实施。

- **讲故事的人**:人力资源专业人士的责任首先是了解组织的愿景和战略,其次是将其转化为具体的体验。与事实相比,人们往往更能记住故事。精彩的故事能够以令人难忘的形式说明问题并导致行动。
- **战略解读者**:人力资源部的主要目标之一是将战略转变为可供操作的人才、文化和领导力项目。人力资源专业人士需要发现所有的战略讨论对人才、文化和领导力的意义。
- **战略推动者**:人力资源专业人士必须确保对战略讨论有良好的管控。我们建议被邀请参加战略讨论的人力资源专业人士了解与这些讨论相关的流程。

- 参加战略讨论的是应该被邀请的人吗?
- 战略决策是基于客户和竞争对手的现实吗?
- 战略讨论中的对话和战略讨论外的对话一样吗?
- 做出的选择是否综合考虑了愿望与成就的挑战性以及现实之间的平衡?
- 团队是否专注于战略选择或决策,而不是模糊的理想?
- 是否有一个合理的流程将在讨论中产生的想法引入组织?
- 还有谁需要参与什么级别的战略思考(例如创建、实施、跟踪、投资于战略)?
- 为确保人们兑现承诺,需要什么样的后续行动和问责制?

如果组织中没有开展战略讨论,人力资源部就需要确保其开展。人力资源专业人士可以召集关键决策者来具体讨论并制定明确的未来愿景。希望在战略制定方面参与和经历更多的人力资源专业人士,可以在未来的场景构建团队中担任志愿者。或者,如果组织没有这样的团队,那么该组织可以建立一个团队,团队的主要任务就是为公司的未来和自己所在的行业制定一个远景规划。

在这里我们想说的是,人力资源多年来一直想为战略规划做出贡献,现在就开始吧!

准确预测组织里部门的风险

近年来,人们越来越关注企业风险管理在组织中的重要性。2008年的金融危机揭示了组织在面对全球经济突然发生根本性变化时的脆弱和毫无准备。

在基本层面,风险涉及两个流程:①不确定性和根据现在预测未来的能力,或预测某件事发生的概率;②可变性或活动的差异范围。通过控制流程来减少不确定性和可变性，风险降低了，组织实现目标变得更加可预测了。企业风险评估就是一个管理委员会确认主要的潜在风险，然后根据不确定性和可变性的标准对这些风险进行筛选，从而识别管理层必须注意的风险的过程。

目前已经有框架可以帮助预测风险类别来指导风险评估。美国反虚假财务报告委员会下属的发起人委员会（COSO）是五个私有团体联合发起的致力于为风险管理提供指导思想的组织。该委员会制定了一个框架，以指导企业风险评估，其中包括四个主要风险领域：战略、运营、财务和合规风险。随着人力资源专业人士更全面地掌握风险组合，他们可以确保员工和一线经理也能了解组织的风险，帮助调动资源进行风险管理培训并降低风险。

不是所有的组织都有正式的企业风险管理职能，各个组织在风险管理战略的复杂程度上也可能各有不同，但是人力资源专业人士依然可以组织一些活动以便更好地预测和理解组织的风险。关于更好地评估风险的一些建议包括以下几个方面。

- 每次会议留出一小段时间，让其他人分享问题和改进建议。找出让你的组织里的专家感到困扰的领域。
- 与基层员工谈话，了解他们对公司方向的看法、他们面临的问题，以及他们提出的解决方案。
- 确定有领导力的人（不是根据职位而是根据影响力和信任），与他们一起探讨组织管控中的薄弱环节。
- 利用一些时间用某种组织分析工具来评估你的公司的战略是如何与组织中的其他要素保持一致的，比如，像加尔布雷思的 STAR 模型或麦肯锡的 7S 模型这样的组织分析工具。确定哪些领域可能不一致，以及可能造成的最大的运营风险。

- 进行"想象失败"的体验。与其直接要求人们揭示弱点和风险（这可能会引发公司在政治上的问题），我们发现，要求人们对他们当前的项目进行事后分析，就好像它失败了一样，可以帮助组织发现潜在的问题。转移到一个假设的世界中可能有助于人们讨论项目实施中的风险和成功之处。

结论：战略定位者胜任力的现状

我们对人力资源行业围绕战略定位能力进行研究的进展感到欣慰。在旅行和发表演讲时，我们很高兴看到越来越多的人力资源专业人士采用业务语言和逻辑。我们也看到更多的人力资源专业人士拥抱外部的现实，这样他们就能在内部更有效地展开工作。我们看到，同时数据也证实，"战略定位者"是最重要的胜任力领域之一，我们相信它将继续成为未来岁月里人力资源行业发展的重要机会。

第 8 章

成为矛盾疏导者：有力影响业务绩效

当看似相反的活动在一起运作时，矛盾就存在了。我们在日常生活中会体验到矛盾，就像一些流行短语描述的那样，"爱之深，责之切""事半功倍""水火不容""苦与乐""工作与生活的平衡""进退维谷""以退为进""善与恶"等。当这些内在的矛盾共同作用时，成功就会随之而来。矛盾关注的不是非此即彼，而是强调和 / 还有的思维方式。

为什么谈矛盾？历史根源是什么

在当今管理思想中出现的矛盾的概念起源于古代哲学。在东方哲学中，阴阳的概念认为世界是整体的，所有的现象都是"由两种不同的宇宙能量整合而形成的，即阴和阳"。阴代表"女性"能量，阳代表"男性"能量；这两种能量既能独立运作又能共同运作，形成了所有的宇宙现象，并引起持续变化。在西方思想中，哲学家也讨论了矛盾的本质和价值。古希腊人清楚地意识到，矛盾可以让人们超越常规的思维方式。他们将前缀"para"（"超出"或"外部"）与动词"思考"（"dokein"）相结合，创造出"矛盾"这个形容词，意思是"与预期相反"。以拉丁语为母语的人根据这个词又创造了他们的名词"paradoxum"。16 世纪，以英语为母语的人根据这个词创造了英文"paradox"。19 世纪著名的西方哲学家索伦·克尔凯郭尔说："但你不应该将矛盾想得很糟糕，因为矛盾是思想的激情，没有矛盾的思想家就像没有激情的情人一样，是一个平庸的人。"弗朗西斯·斯科特·菲茨杰拉德补充道："测试一流的智力就是测试头脑中同时存在两种相反的想法但仍然能保持大脑工作的能力。"

在管理思维中，矛盾的概念出现在很多术语中：行为复杂性、对立、灵活领导力、二元性、辩证法、价值观的对立、二分法、竞争需求、双向性等。这些概念已经应用于会计、市场营销、技术以及战略文献中。在人力资源领域，我们对矛盾的讨论已经有很多年了，提出了从传统的运营、行政和事务性的工作到关注基础、战略和转型的转变衍生出了和/还有（既/又）的思维。例如，在《人力资源转型》一书中，我们认为人力资源必须既关注运营又要鼓舞人心，既关注行政又关注战略，既做事务性的工作也要引领变革。

为什么现在矛盾至关重要：新兴组织的要求

由于第1章所谈到的四股力量（STEPED模型、VUCA、利益相关者的期望、职场现在的个人环境），如今对组织、领导力和人力资源的成功来说，疏导矛盾比任何时候都重要。我们选择疏导这个词而不用管理，是因为疏导意味着不断地引导、调整、适应和演变，它远大于管理范畴内的控制、决议、行政管理和解决问题。矛盾日益重要的逻辑来自组织概念的演变。

传统的组织观点是以德国社会学家马克斯·韦伯的著作为基础的，从天主教会和德国军队等层级组织中得到了启示。在这些传统观点中，组织通过分级原则、权限、指挥权、决策权、控制幅度、专业化，以及使每个员工都知道自己的角色和职责分工来应对外部复杂性，从而生存下来并获得成就。层级组织的假设已经渗透到管理实践中。科学管理鼓励标准化，从而导致批量生产。商业历史学家艾尔弗雷德·钱德勒谈到了在组织的协调和控制过程中建立管理这只"看得见的手"。平衡计分卡通过战略地图来确保控制和治理,帮助员工了解自己的角色,并通过岗位描述中概述的工作内容和职位让员工知道他们需要遵循的规则。诺贝尔奖获得者,经济学家奥利弗·威廉姆森认为,层级组织可以降低交易成本并提高效率。组织思想家杰·加尔布雷斯提出组织协调和控制管理信息,厘清了权力和权威。在所有的思想体系中,层级组织的假设是通过战略和角色明晰以及过程有效和程序要求严格来协调工作的。数十年来,这些关于组织的假设使得组织能够应对复杂的工作场景。

然而如今,对组织来说,更大的挑战是敏捷性和变化。世界变化得如此之快,以至于昨天还是正确的事情,今天就不正确了,明天也不会是对的。在一个快速变化的世界里,层级制的假设(由角色、规则和程序来控制)常常会因为缺乏灵活性而有损于组织。组织为了在第1章中介绍的四种变化中生存下来,必须适应变化,这通常被称为敏捷性、灵活性、学习、转型等。这种组织的适应性来自对矛盾的疏导。

没有矛盾性思维所主张的紧张、辩论、对话和冲突,变革就不太可能发生。当组织中的人总是同意或者从他们现有的角色出发去行动时,适应变化就不太可能。疏导矛盾意味着接受和强化分歧,从而使组织能够改变和进步。

探索当今人力资源的矛盾

为了创建更加灵活的组织,人力资源专业人士被要求突破我们曾经论述过的事务性/战略的矛盾。在筹备第七轮人力资源胜任力研究时,核心研究团队和我们的区域合作伙伴在全球范围内进行了数百次的访谈、焦点小组讨论和研讨,以期发现人力资源专业人士怎样才能有效率地工作并在今后对业务产生积极影响。得到的答案在很大程度上与前几轮的研究一致,包括了解业务战略、建立个人信誉和设计人力资源系统等。不同的是,之前讨论过的关于组织的新假设的出现，这些假设背后暗含着几对矛盾。

虽然矛盾这个词没有被明确使用，但是人们所描述的紧张关系，例如中央集权与权力下放、全球化与本地化、灵活性与标准化、自上而下与自下而上、自由与控制、工作生活与生活工作、业务与社会效益，这些在组织的生活中显然是起作用的矛盾。这些矛盾对于一线管理者和人力资源专业人士来说是新的业务现实。人力资源专业人士要想有效，就不应该忽略矛盾，而应该学习面对并驾驭它们。

鉴于这些紧张关系日益显示出来的重要性以及它们对未来组织的影响，我们选择在最近一轮研究中仔细地研究它们，从而为人力资源专业人士提供一个新的胜任力，我们称之为"矛盾疏导者"。

一个典型的例子

以下内容是一个人力资源专业人士成为矛盾疏导者的例子。

史泰博公司

史泰博公司与亚马逊、苹果、戴尔以及沃尔玛一样，是世界级大型互联网零售商，近几年来它不得不将商业模式多样化，以满足客户的各种购物喜好。自从1998年推出了staples.com网站以来，在大约15年中，史泰博公司有三种不同的方式与客户互动，即实体店、B2B配送以及网站。关于如何使客户体验更加完美，如何使客户更好地掌控体验的讨论从2011年就开始了。零售界已经不再是黑白分明的了。史泰博公司的管理层认为，多渠道的销售方法需要更加整合，而答案是一个全渠道战略。

全渠道战略的目标是使客户把史泰博公司的零售店、手机应用或网站视为一个整体，它们拥有同样的购买方式。从运营的角度来看，整合后推出了"线上购买和线下实体店取货"以及通过店内触摸屏可以使客户购买那些不在店内的产品或者查看产品评论。

从组织的角度来看，该战略创新引起了组织矛盾和员工矛盾。该公司包括七个事业部：美国零售、加拿大零售、美国 B2B、加拿大 B2B、Quill B2B、美国电子商务和加拿大电子商务。在全渠道战略下，这些部门必须协同工作，更好地理解彼此在做什么，尤其是零售和电子商务部门。

矛盾存在于一直采用的运行方式与现在需要采用的运营方式（同时），以及中央集权与权力下放的理念之间。那些以前完全专注于店面业绩的零售的同事现在必须考虑如何把他们所在地区的潜在线上客户引到公司的线上商城上。他们面临的挑战不是将线上销售视为威胁，而是将它看成是一个推动销售的机会，通过抓住扩大能力的机会在线销售 150 万种产品，而不是仅仅销售零售商店的 7000 种产品。

矛盾的中心是门店的总经理（GM）——他们是位于美国和加拿大的大约 1300 个门店网络的一部分。他们是要应对这些转型的人，他们的挑战是疏导这些矛盾（见表 8-1）。

表 8-1　史泰博公司总经理面临的全渠道矛盾

总经理的矛盾		
顾客（B2C）	与	业务（B2B）
门店		线上
产品		服务
门店的 7000 种产品		线上的 150 万种产品
零售渠道		全渠道
顾客服务的"人情味"		自助服务的"靠自己"
优秀的门店运营（专注于内部）		门店的业务拓展（专注于外部）
命令与控制		创新、自主以及灵活
长期服务的零售人员		新的电子商务团队

为了帮助员工缓解传统上分散的组织和更加集中化的跨部门组织的矛盾，人力资源团队的重点是统一各个渠道中的员工，激励员工为更大的组织做贡献，并增加他们在业务之间的沟通和知识共享。

该团队做的第一件事是收集来自全球所有部门的 25 000 多名员工对符合商业模式的一套新的共同价值观或语言的反馈。新的价值观确定如下：

- 携手合作
- 主动承担
- 实事求是
- 充满爱心
- 保持简单

当价值观确定后，公司就可以通过一个被称为承诺的修订后的领导力行为模式来强化这些价值观，包括以下内容：

- 顾客第一
- 承担风险
- 提高标准
- 挑战自己
- 快速并灵活

在确定了组织的价值观和承诺之后，人力资源领导团队聚焦于激励协作和沟通。他们认识到，奖励和认可需要与新战略保持一致，向员工传达：他们需要以不同方式工作的信息。以实体店经理为例，他们的一部分奖金目前取决于商店所覆盖的区域在网站中的表现，这鼓励了商店经理要在网站营销上注重创意，同时也鼓励他们与电子商务团队合作。

为了进一步促进不同渠道之间的合作，该组织改变了架构，将七个不同的事业部（之前列出过）合并成一个业务单元，集中管理公司的职能部门，提供通用的工具、流程和解决方案，并由一名高管负责。

作为矛盾疏导者，人力资源专业人士使得整个史泰博公司认同并实施了一个全渠道的商业模式。

什么是矛盾疏导者？艺术与科学

史泰博公司的案例表明，一个有效的人力资源专业人士能疏导在业务中所固有的矛盾。正如前面所介绍的，矛盾是由两个对立面组成的情境或概念，它们的共存似乎是不可能的（例如阴和阳、过去和未来、自上而下和自下而上）。但越来越多的证据表明，疏导矛盾在组织内有着积极的意义。我们现在介绍一些对组织的研究，这些研究使我们能够界定人力资源专业人士作为一个矛盾疏导者意味着什么。

- 巴里·约翰逊（Barry Johnson）提供了处理他所说的"两极化管理"的工具。在他的著作中，他希望帮助管理者从用简单的答案来解决问题，转变成通过两极化管理来解决难解决的问题。在两极化管理的问题上，管理者认识到有多种"正确"的答案，通过绘制两极问题地图，管理者可以找到创新的选项。
- 金·卡梅隆和鲍勃·奎因教授的研究是"有竞争关系的价值"。他们讨论了管理组织内相互竞争的价值所带来的张力是如何驱动组织有效性的。他们在大量的研究中发现，组织有四种相互竞争的价值（协作、创造、竞争、控制）。当组织将这些价值作为文化来管理，领导者将它们转化为行为时，这四种相互竞争的价值所固有的张力就会产生有效性。组织通过多种价值体系产生的深层变化来避免慢性死亡。具有认知复杂性和管理这四种价值的能力的领导者会更有效。
- 玛丽安·刘易斯（Marianne Lewis）对管理学研究中的矛盾做了全面的回顾，并为管理者和研究人员如何更有效地处理内在的矛盾提供了指导。其中所涉及的这些学者和实践者已经认识到了矛盾的重要性，并且已经开发出了许多应对矛盾的实用指南。
- 温蒂·史密斯是管理学教授，她为领导者提供了管理矛盾的框架，并证明了管理矛盾是如何帮助高层领导更有效地工作的。她发现，成功的公司会使用一种动态决策模型使矛盾显现出来，然后通过差异化的行为（关注每个矛盾点）和整合性行动（在矛盾中找到协同）来进行管理。通过动态的决策，大家会把重点放在找到创新的解决方案上，而不是仅仅接受或适应矛盾的差异。

- 张燕、戴维·沃德曼、韩玉兰和李晓蓓（来自美国和中国的大学教师）研究了那些能够应对矛盾的领导者的个人特征，他们发现具有整体思维和整合复杂性等个人技能的领导者更有能力管理那些与生产力相矛盾的做法。他们的见解再次证实了，疏导矛盾适用于个人层面，个人可能有更多（或更少）的能力去这么做。这一研究延伸出去可以表明，那些善于处理个人矛盾（自我觉察和谦逊、无为而治）的领导者更有能力管理组织的矛盾。这意味着，人力资源专家作为矛盾疏导者必须亲自示范管理矛盾，这样他们才能把这个想法应用到他们的组织中。

- 创新领导力中心总结了对矛盾的研究，他们总结道，"知道如何管理矛盾的人是一个改变游戏规则的人。研究结果很明确：那些管理矛盾的组织、领导者、团队和个人都比那些不管理矛盾的人表现得更好"。他们还提供了用于绘制矛盾（和二元性）地图的工具，以便能够识别差异和协同。

显然，矛盾已经成为组织和业务领导者成功的相关因素。如果人力资源专业人士能够根据这些自相矛盾的要求帮助员工取得业务结果，那么他们必须小心翼翼地潜伏于危险的水域中前进。在任何一个特定的时刻，重点可能在一个方向上，但在下一个时刻，重点可能是另一个方向上。矛盾疏导者不能绘制直线路线，因此必须保持对组织的发展方向有高水平的视野，然后对短期方向进行必要的实时调整以避免失败，并优化如何到达最终目的地的路线。在研究中，我们显然没有围绕矛盾提出新的概念，也没有提出新的理论视角。我们正在不断地发展和调整这些理念，使之适应人力资源行业，以此来帮助人力资源专业人士创造更多价值。

什么是矛盾疏导者？我们对人力资源专业人士的研究

有效地解决现代工作环境中存在的矛盾的能力，对高效的人力资源经理来说是至关重要的。要做到这一点，他们需要足够灵活，能够从集中（抓住重点，做出决策，达成共识）转向发散（探索不同的视角，鼓励多样性），然后再回到集中。他们必须能够表示不同意而又不会令人感到反感，允许有紧张的气氛而不会产生争执。

我们在调查中开发出了一套胜任力内容来衡量矛盾疏导者的能力，这项调查概括了人力资源专业人士在工作中经常面临的和重要的矛盾。

- 有效地管理全球与本地业务需求之间的矛盾。
- 有效地管理变革的需求（灵活、适应）与稳定（标准化）之间的矛盾。
- 有效地管理利用时间搜集信息与快速决策之间的矛盾。
- 有效地管理内部招聘与外部招聘之间的矛盾。
- 有效地管理员工的个人需求与组织的集体目标之间的矛盾。
- 有效地管理内部专注于员工与外部专注于客户与投资者之间的矛盾。
- 有效地管理自上而下的组织控制与自下而上的员工赋权之间的矛盾。

关于矛盾疏导者，调查告诉了我们什么

人力资源测评参与者（参加了自我评估的人员），人力资源部和非人力资源部的人员对于人力资源的九项胜任力进行了评估（参见第2章，图2-3），该评估是为了解人力资源测评参与者从事或者有能力从事与某项胜任力有关的人力资源活动的程度。矛盾疏导者是所有评估者给出的第三个最低得分领域（见表2-8，3.99分）。换句话说，总体结果表明，与我们所衡量的其他胜任力相比，人力资源专业人士在矛盾疏导能力方面有改进的空间。矛盾疏导者的能力在北美的得分（见表2-10，4.11分）要比其他地区高。在解释个人有效性（见表2-11，11.7%）以及解释人力资源专业人士个人和人力资源部作为整体为利益相关者创造的价值（见表2-12）方面，矛盾疏导者通常是第五重要的胜任力。然而，在研究中有一个重要发现：矛盾疏导者是解释企业绩效最重要的能力（表2-13中第13列中的18.9%）。

因此，最引人注目的发现之一，就是对于业务表现来说没有哪项胜任力比矛盾疏导者更重要了，但在解释人力资源专业人士和人力资源部的表现方面，这项胜任力远远落后。对于这个令人惊讶（对我们）的结果，我们给出了两种可能的解释。

首先，员工倾向于明确而不是模棱两可的问题。正如所讨论的那样，经典的组织理论认为，大多数人每天来工作完全是想要履行自己的职责，让公司和他们的经理感到高兴。一些学者将此称作"规范的内在动机"。规范意味着人们觉得他们应该做些事情，同时也意味着一些社会规范或者他们认为的社会义务与他们正在做的事情是相关联的。内在动机意味着动机来自内在——他们自发地想做某事。他们不会违背自己的意愿去做一些事情。他们从做某些事情中得到一些个人满足感，这主要是内在的。这一切都是在以一种有效的方式谈论组织中的一种普遍充满活力的现象：人们想取悦他们的老板，帮助他们的组织取得成功。为组织的成功做出贡献给许多员工带来了极大的个人满足感。

然而，问题是员工需要清楚地知道和理解如何使老板与组织感到满意，而矛盾使之变得模糊。在缺乏清晰的信息的情况下，员工会对他们被期望做什么自行做出解读，并尽其所能地做到最好。员工可能非常擅长在不明确的情况下创造自己的清晰度，以便他们能以他们感到非常有用和舒适的方式努力工作，同时相信自己正在为组织做出巨大的贡献。只要员工能够坚持自己关于创造价值的信念，并继续以他们认为舒适的方式工作，那么他们就能在工作中感到快乐。当其他人促使他们面对已经弄清楚了的模棱两可的问题或处理那些他们已经有意无意忽视的问题时，他们可能会在工作中感到非常的不安和紧张。因此，当其他人去推动员工直面并解决他们工作中存在的矛盾时，世界就变得不那么清晰、确定了，也不那么舒服了。

虽然员工可能会因为受到这样的挑战而受益匪浅，但他们可能并未完全理解这些挑战和所需要的相关工作要求。因此，那些鼓励员工面对矛盾和帮忙疏导工作矛盾的人，可能会对公司大有帮助，却为个体员工带来了困惑、不舒服和紧张感。

其次，矛盾疏导者在会议中似乎是颠覆性的。疏导矛盾指的是通过发现我们何时偏离了方向，并将我们拉回到更能平衡紧张的对话中来管理分歧，实现融合。有些会议可能是发散的，专注于创造性的头脑风暴，以创新的方式解决问题，这些会议经常会持续几个小时才提出精彩的想法和许多可能的解决方案。但有时，需要快速地找到解决方案，利用时间进行有创造性的对话可能不是帮助组织解决当前关键问题并向前推进的好方案。一位强大的矛盾疏导者可能会介入这种情况，停止发散性的对话，在需要的时间内重新组队。这样的调整和重新确定方向对团队来说可能是痛苦的，尽管做了对于企业有利的事情，但是矛盾疏导者可能会因为他们决定介入并减少创意而付出个人代价。

相反的情况也会发生。人们很快就一个解决方案达成一致，并同意向前推进，但没有充分考虑到决策中潜在的矛盾与挑战，这种情况也不少见。一名强大的矛盾疏导者可能会鼓励不同的想法以及挑战现状。这种人可能会提出一些令人不舒服的被团队随意忽略了的问题，促使团队在思想和流程上产生不同意见。有时，我们会称这种人是"不友好的人"。具有讽刺意味的是，虽然我们可能不喜欢那种人，但我们常常受益于在重要问题上产生的不同看法，尤其是当我们可能过快地达成共识时。

所以总体上，我们推测矛盾疏导者可能会增加紧张气氛和发起挑战，这会让其他人感到不舒服，他们的工作会不那么清晰，变得更加模糊、更具挑战性。虽然这对我们有好处，可能对我们的业务也有好处，但我们有可能不喜欢这些矛盾疏导者做的这一重要工作。

矛盾疏导者作为人力资源胜任力模型的核心

鉴于上述的发现，也许有必要解释为什么我们选择将矛盾疏导者放在人力资源胜任力模型的中心位置（见图 2-3）。这显然不是所有绩效指标中最重要的能力，那么为什么这项胜任力会被放在如此核心的位置呢？对将矛盾疏导者放在模型的中心，我们至少有四个解释。

首先，没有其他胜任力领域比矛盾疏导者对业务的绩效更有影响力的了（见表 2-14）。再次强调，这对我们来说是很有意思的。在个人有效性或利益相关者业绩评估方面，它并没有表现出至关重要的作用，但是当涉及业绩表现时，没有比它更重要的能力了。因此，成为一个优秀的矛盾疏导者可能不会改变人们如何看待人力资源专业人士或者人力资源部的整体有效性，也可能不会直接影响到人力资源专业人士为利益相关者创造的能感知到的价值，但矛盾疏导者的确看起来与业绩表现有关。

其次，矛盾疏导者的概念似乎让我们遇到的人力资源专业人士产生了深刻的共鸣。在构思这项调查和分享结果时，我们将这些结果呈现给数千名人力资源专业人士，我们总是向这些人表示我们的描述有多么像他们的生活而感到震惊。我们总是听到他们讲述他们所经历的矛盾，以及矛盾疏导者这个概念是如何有效地契合了他们在这个行业中的亲身经历。所以，基于对这一概念的现场测试，似乎矛盾在现代人力资源专业人士的经历中扮演着核心角色。

再次，我们的研究结果揭示了人力资源胜任力模型本身具有的一些有趣的矛盾关系。例如，人力资源专业人士是不是应该更多地考虑满足外部客户或者业务经理的需求？答案一定是"是"。不幸的是，人力资源专业人士不会奢侈到在迎合一个利益相关者的同时忽视另一个利益相关者，他们必须努力满足工作中的所有利益相关者。然而，具有讽刺意味的是，对外部客户和投资者（战略定位者）影响最大的胜任力不是对一线经理与员工（值得信赖的行动派）产生最大影响的胜任力。同样要注意的是，战略定位者的能力从根本上不同于值得信赖的行动派的能力。要成为一个更好的战略定位者，我们就必须把注意力集中在我们自己之外。要想成为一个更有信誉的行动派，我们就必须把注意力集中在我们自己身上。

最后，鉴于我们提出的关于组织、团队以及领导者通过管理矛盾而变得更加有效的新证据，我们认为这些普遍的发现也适用于人力资源部。其他人已经发现管理矛盾是领导力和组织成功的关键预测指标，而我们发现它是人力资源影响业务结果能力的关键预测指标。迄今为止，这是人力资源专业中探索程度最低的领域。

所以，我们将矛盾疏导者放在了人力资源胜任力模型的中心。然而，它不是独立存在的。九个胜任力领域的每一个都会对个人有效性、利益相关者的结果和业务表现产生不同的影响，但是矛盾疏导者显然是一个新兴的能带来业务成果的人力资源胜任力。

然而，一旦这个专业开始更加全面地理解矛盾疏导者的价值，同时一线经理开始看到矛盾疏导者对业务绩效的影响，我们预计这种模式将会变化。随着时间的推移，我们可能会看到员工和一线经理学会更充分地认识矛盾疏导者为组织带来的价值，他们可能会更加认可矛盾疏导者推动组织去拥抱和驾驭公司内在矛盾的努力。在未来的研究中，我们将会探究矛盾与所有绩效指标之间是否存在更强的关系。

人力资源部应该注意哪些矛盾

对组织或个人来说，找到一份有关于矛盾的清单并不难，只要让任何一名员工找出他在工作中面临的挑战即可。通过倾听，你会发现矛盾或者紧张关系经常出现。但是，明确一个组织中哪些矛盾是最普遍且需要引起组织关注的，是很有必要的。在表 8-2 中，我们列出了 14 种常见的矛盾。我们与管理人员进行了一次演练，要求他们根据业务目标从中选择最重要的二三个需要优先关注的矛盾。一旦一个领导班子意识到了这些矛盾的存在，人力资源专业人士就可以用接下来的想法来帮助疏导它们。

表 8-2 常见的组织矛盾

	矛盾	A 极	与	B 极
1	工作导向（怎么完成工作）	**控制** 有纪律的，严格		**自由** 授权，自治
2	工作的广度	利用、专注、优先、缩小、集中、统一		开拓、探索、创新、扩大、拓宽、多元化
3	控制点	集中的（自上而下的）		分散的（自下而上的）
4	成功标准	底线成本、效率、运营卓越		营业收入增长、有效性、创造力、实验
5	利益相关者的关注	内部（员工与组织）		外部（顾客与投资者）
6	分析的单位	个人的（个人成功或绩效）		集体的（团队或单位绩效）
7	着眼点	稳定（过去）		变化（未来）
8	对待员工的理念	平等（所有都一样）		平等（因人而异，论功行赏）
9	考核	硬性财务指标；数字		软性非财务指标（健康）
10	工作流程	流程：再造		热情：更新
11	工作范围	全球触角		本地连接
12	责任	指责		学习
13	技能	硬的：技术的		软的：文化的
14	时间	短期		长期
15	其他			

如何成为更好的矛盾疏导者

作为矛盾疏导者，人力资源专业人士通过找到正确地解决矛盾的方法与培养矛盾疏导者的技能来帮助组织和领导者驾驭矛盾。

解决矛盾的方法

基于我们前面提到的经验和他人的研究,我们发现组织和领导者经常使用的管理矛盾的六个阶段(见表 8-3)。作为矛盾疏导者,人力资源专业人士应该能够评估其组织处于这些阶段的哪些位置上,然后在组织进入下一个阶段时发挥适当的作用。

表 8-3 矛盾管理的阶段

阶段	行动	含义	人力资源角色
1. 忽略	忽略矛盾并希望它们消失	• "你们不能隐瞒真相" • "无知不是福"	耐心地指出替代方案
2. 否认	承认矛盾,但是只认定矛盾的一面	僵化的心态……你最好选择的是正确的	建议选项 实地考察
3. 空间上分开	创建卫星式组织或内部竞争 在不同的环境下,领导者的领导方式是不同的	• 局部优化使部分合在一起大于整体 • 领导力的不确定性导致玩世不恭	寻找共同点,创建跨部门的学习过程
4. 时间上分开	给矛盾的两个方面排序;先尝试一个方面,然后再试另一个	• 很难从一个时间到另一个时间 • 很容易被固化和形成刻板的印象	确保从每个序列中学习(事后回顾)
5. 微调	专注于从一个场景或情节中学习;进行实验	还是分离开的,但是鼓励学习	迅速找出小成果,然后进入下一个步骤
6. 超越矛盾	利用信息来澄清矛盾的两面,探索新的想法,同时采取行动	• 管理融合与发散 • 寻找共同的和更高的目的	成为真正的矛盾疏导者

如何超越矛盾

从实用的角度来看,有一些任何人力资源领导者都能采取的简单的步骤,可以使他们在面对现实时更加得心应手。基于我们的经验与之前提到的学术和咨询研究及实践,我们总结了一些步骤。

(1)澄清矛盾的两面。当矛盾存在时,组织有时会陷入关于选择和强调矛盾的哪一面(极)的争论中。许多时候,这种争论的出现是因为决策者们无法明确地识别所面对的矛盾,并弄清楚为什么这两个结果都是重要的,以及他们之间是如何相互对立的。利用时间澄清一个矛盾看似相反的两面,以及它们如何相互联系和相互关联,是疏导这一矛盾重要的第一步。

(2)定义最佳结果。一旦我们澄清了这个矛盾,我们就可以关注我们组织中成功的首要标准,我们就可以开始探索这个矛盾的对立面是如何与我们的成功标准相关联的。这样做有助于厘清何时强调矛盾的一面或另一面。

(3)了解他人的观点。倾听他人的意见,试着理解他们是如何感受这个矛盾的。矛盾如何影响他们和他们的工作?如果我们强调一面多于另一面,那么他们的工作和结果会怎样?这可以通过绘制二元与对立地图来完成,在此图中,每一种选择都有各自的优点和缺点。这也可以通过相反的角色扮演来完成,矛盾一方的支持者与另一方辩论,反之亦然,双方都更充分地理解对方的观点。

(4)找到共同点。我们在哪里达成共识,在哪里不一致?我们在哪里同意保留不同意见?我们能否就我们倾向于矛盾的某一面的条件和我们倾向于另一面的条件达成一致呢?在重组一个人力资源小组时,有很多关于什么工作应该怎么做(集中还是放权)的激烈辩论。我们要求每个资深的人力资源团队成员都要在白板纸上画出他们理想的组织。当他们将想法相互分享时,他们会意识到有 80% 是大家一致同意的。我们认可这一点,然后研究了 20% 的不一致的方面(这占了讨论时间的 80%),提出了方案,并在三个月的时间里试运行一个方案,看看是否可行,然后进行调整和学习。在九个月内,一个可接受的治理结构就位并被付诸实施了。

(5)采取第一步:一旦有了一些共同点,就开始小步前进,并边走边学。这可能涉及一些问题,如"计划的调整方案是什么""我们怎么知道什么时候在特定的方向上走得太远""我们是否已经建立了足够的共同点,使我们前进时,可以一起拥抱矛盾"。

什么样的技能可以造就一个好的矛盾疏导者

作为矛盾疏导者的人力资源专业人士应该具备表 8-4 中提出的知识和技能。作为一名人力资源专业人士,你可以对这些技能进行自我评估,你也可以将其用于企业领导者或其他人力资源的同事身上。矛盾疏导不是一种天生的特质,而是一种可以转化为技能的可习得的行为。

表 8-4 矛盾疏导者的个人技能

技能 在什么程度上我能够……	定义/行为 什么是与该技能相关的具体行为……	评分 (1～10分)
1. 处理认知复杂性	看到一个问题的不同侧面 尊重他人的观点 学习新思路(每两年 20%～25%) 发现事件中的规律	
2. 在社交方面受人喜爱	用不令人反感的方法对待不同意见 允许矛盾而不争论 倾听理解 与他人见面后,使他人自我感觉更好	
3. 保持社会交往	花时间和与自己不同的人在一起(例如,拜访车间或其他部门) 观察和向不在自己影响范围内的人学习(竞争对手、客户、领先者)	
4. 有自我意识	了解自己的禀性(例如,内向与外向、判断与感知)或风格 不受自己的禀性所束缚和超越自己的偏见 以自己的行为来判断自己,而不是根据自己的意图来判断	
5. 以强大的价值观为基础	了解自己的核心价值观,并始终如一地与它们保持一致,即使行为可能有所不同 不去迎合不同的群体,但尊重他们的需求	
6. 与比自己优秀和与自己不同的人交往	寻找与自己不同的同事和朋友 寻求与自己不同的人的意见 接触比自己知道得更多的专家,倾听他们的建议,调整自己的见解	
7. 鼓励发散和融合	如果你的团队或组织倾向于集体思维,就鼓励多元化思维;准备备选方案 如果你的团队或组织太过多样化而没有结论,就要鼓励专注;确保行动	

（续）

技能 在什么程度上我能够……	定义/行为 什么是与该技能相关的具体行为……	评分 （1～10分）
8. 推行决策规则	明确要做的决定和谁最终要对它负责 为决策制定一个时间表 收集信息以做出最佳决策 做出决策并加入学习的过程，以便改进	
9. 成长的心态	承担风险去实验并尝试新事物 不断地从可行和不可行的经验中学习 当事情不可行时要有灵活性	
10. 放大和缩小	建立愿景和整体目标 设想系统和部分如何配合 必要时专注细节	
总　分		

培养和实践矛盾疏导者的技能

就像所有九项人力资源胜任力一样，培养胜任力主要是通过在工作中和工作以外获得的经验以及针对性的培训来完成的。我们通过让人力资源专业人士参与以下活动来辅导他们成为更好的矛盾疏导者。

- 识别和列出你们的组织所面对的矛盾。找出代表矛盾各方的关键人物并与他们会面。
- 对竞争对手在组织中处理矛盾的方式进行行业分析。
- 与基层员工沟通，了解他们对自己所面临的矛盾的观点，以及对公司管理矛盾的解决方案的建议。
- 定期与公司内不同的部门和地区联系，了解其对业务矛盾的看法。
- 在大型活动会议举办期间，在显眼的地方放置两个桌牌，一个标记为"客户/顾客"，一个标记为"员工"。在讨论新举措和做决定的时候，一定要考虑这两个利益相关者的意见。
- 在公司中推行决策规则，帮助个人和团队更快地做出决定。
- 在会议中指定一个人来负责确保你不会太多地考虑问题的细枝末

节，而忽略高层次的战略意义。
- 培养自己。
  - 开始阅读一本关于冲突解决的书。
  - 向你生活中的那些似乎能很好地处理紧张关系的领导者或其他人学习。他们做了什么？
  - 你的业务策略中有什么矛盾？你的竞争对手是如何处理它们的？
- 增加一些非专业的生活经历，帮助你更好地应对矛盾。
  - 参与在城市中心建立一个社区公园的活动。
  - 向长期居住在某种专门机构里的居民教授最新的技术进展。
  - 向全日制公立学校的学生教授从上一代人那里学到的知识。
  - 观看一小时最受关注的 YouTube 频道。
  - 出国访问，并了解其文化。考虑与自己的文化差异，以及如何弥合不同文化之间的差异。
  - 根据今天的标准，从 20 世纪 50 年代的食谱中学习一种健康的烹饪方法。

没有任何一个单一的活动能确保掌握矛盾疏导的技能，但是集中起来的多种活动可以帮助你应对不可避免的复杂、动态的二元世界和矛盾世界。

结论

在这一轮研究的所有九个人力资源胜任力领域中，矛盾疏导者可能是最有意思的。尽管植根于旧的理念，并且是我们日常生活的一部分，矛盾疏导者并没有被正式引入人力资源专业胜任力。我们的研究发现，虽然作为一个矛盾疏导者可能交不了许多朋友（个人有效性或利益相关者价值），但对于业务结果来说这是最为关键的技巧。我们相信，随着人力资源专业人士对疏导矛盾技能的掌握，他们将会有更大的影响力，并带来更多的价值。

第 9 章

战略推动力：提供战略价值的人力资源胜任力

正如在第 2 章中介绍的，我们界定了 123 个具体的事项来定义人力资源专业人士应该是怎样的，他们应该知道什么或做什么。通过要素分析，针对人力资源胜任力（见图 2-3），我们确定了九个具有统计学意义的领域或分组。然后，我们从概念上将这九个领域归入"超级组"，并将其作为人力资源的核心驱动力（三项关于交付关键成果的人力资源胜任力，在前面三个章节中详细地讨论过：值得信赖的行动派、战略定位者、矛盾疏导者）、三个战略推动力和三个基础推动力。本章会回顾三个战略推动力：①文化与变革倡导者；②人力资本管理者；③全面薪酬总管。尽管这三项胜任力对个体、利益相关者或业务结果的影响并不像三个核心驱动力那样大，但它们仍然是人力资源专业人士所需能力的重要描述，以及如表 2-11 到表 2-13 所示的每个结果的预测因素。

我们来逐个审视一下这三个战略推动力。

首个战略推动力：文化与变革倡导者

自从我们开始研究人力资源胜任力，变革和文化的管理一直被视为影响人力资源专业人士有效性的重要能力。我们已经写了大量关于管理变革和开创文化的文章。[1]

我们在第 1 章中讨论道，随着组织外部压力的增加，人力资源专业人士管理变革和开创文化的需求也在增加。事实上，我们认为在这些领域的人力资源胜任力可以更准确地预测个人效能、利益相关者的感受和业务结果。虽然人力资源胜任力不是第一预测指标，但它是个人效能的第三大预测指标（与表 2-11 中值得信赖的行动派的 19.3% 和战略定位者的 14.5% 相比，文化与变革倡导者的相关性影响高达 14.2%），是预测整体业务绩效的第四大指标（10.9%，见表 2-13）。换句话说，能起到文化与变革倡导者作用的人力资源专业人士对关键的个人和组织结果有重大影响。

目前，研究结果显示人力资源专业人士对文化和变革的评估（自我评估）较低，但人力资源对利益相关者的评分很高，特别是非人力资源的同事给了设计文化很高的分数（见表 9-1）。

表 9-1　不同评分组给文化与变革倡导者子领域的平均分

	文化与变革				
	所有人的评估	自我评估	主管评估	人力资源同事评估	非人力资源同事评估
设计文化	4.06	3.97	3.92	4.03	4.16
管理变革	4.01	3.95	3.85	4.01	4.08

伟创力公司在文化与变革倡导者方面的行动

伟创力公司（Flex）的首席运营官迈克·麦克纳马拉（Mike McNamara）坚信企业文化是公司成功最重要的决定性因素。因此，伟创力公司在设计和维护一个统一的企业文化方面是非常谨慎的，当你了解到伟创力公司在全球有 200 000 名员工，而且大多数员工不在美国时，你就会知道这是非常有难度的。

2015 年，伟创力公司开始了品牌重塑的过程。它把原来的名字"Flextronics"改成了"Flex"。在其产品和服务经过多年的演进后，伟创力公司从一家典型的电子专业制造服务供应商（EMS）蜕变成一家连接性越来越强的世界设计和制造智能产品的供应链解决方案公司。

伟创力公司通过改变其战略核心的使命和愿景，开始了其品牌的重塑工作。

- 使命：创造一个更智能、更互联的世界。
- 愿景：通过技术手段，让生活变得更简单、更丰富。

伟创力公司的领导者明白文化与品牌是共存的，因此在确定了公司将以什么作为用户的心智标签之后，他们将注意力转向了与品牌重塑计划相匹配的文化设计上。这种文化一直是用伟创力公司的关键价值观和领导力特质来定义的。伟创力公司的关键价值观描述了行为或工作完成的方式，它们有助于指导决策和策略的制定。伟创力公司的领导力特质旨在区分员工的素质或特征，它们为工作关系增加价值。伟创力公司的主要价值观和领导力特质上大都没有改变过。

然而，人力资源领导者要求员工针对新行为给出意见，这些新行为是根据新的品牌和战略要求去体现关键价值观与领导力特质所必需的。图9-1说明了关键价值观和领导力特质如何构建文化以及文化如何驱动品牌。

仅靠文字说明是不足以驱动变革的，所以人力资源团队将关键价值观与领导力特质与人力资源实践和流程整合在一起。以人才招聘为例，人才背景的要求从有严格的制造行业背景（由指标和等级管控）的候选人，变成在多个行业背景中工作过，具有足够灵活适应性的，在小团队工作背景下表现良好的，以及有企业家精神的候选人。

公司在20万名员工中通过调查、面谈和焦点小组，制定了一个新的员工价值主张（EVP）。新的员工价值主张强调了无界限的、丰富的、充满活力的职业生涯，包括跨行业、跨部门和地区的经验。伟创力公司还建立了新的人才发展流程来帮助实现这一切。组织结构变得更加扁平化，工作环境变得更加有利于协作（开放式办公环境），以增加创造力和采用最佳实践。

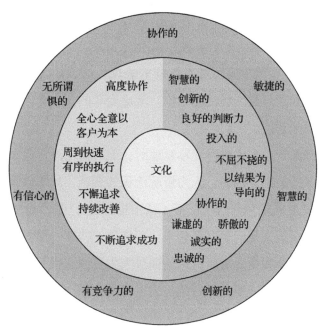

图 9-1 伟创力公司的品牌、领导力和文化

通过一些举措,伟创力公司设计了一种企业文化来推动品牌形象的树立。年度员工敬业度调查结果显示,在公司内部,企业文化的发展得到了员工的广泛认可。

影响文化和变革倡导者的新兴趋势是什么

伟创力公司是在改变文化以适应变革方面超出我们期望值的案例。当我们试图通过个人经历来解读这些文化和变革倡导者的实践时,我们发现在最近几年有四种趋势影响着文化和变革倡导者的含义与重要性。

首先,文化和变革是相辅相成的。在之前的几轮研究中,变革和文化的管理作为一个人力资源胜任力领域,一直在变化。变革管理包括了文化(第一轮和第二轮),文化和变革在统计学上被纳入不同的领域(第三轮),文化和变革被纳入整体的"战略贡献"领域(第四轮),以及文化和变革成为独立的要素(第五轮)。在最近的研究中,我们发现文化和变革在统计学上是相互作用的。

人力资源专业人士在一个领域（文化或变革）中表现出胜任力（或不胜任），而在另一领域中则可能有同样的表现。这意味着近年来，没有考虑文化的变革管理只是一场活动，没有考虑变革的文化管理就只是一句口号。两者需要一起抓。

当人力资源专业人士进行变革管理时，他们需要对将要发生变化的整体业务文化保持敏感。例如，人力资源流程的变革，如绩效管理、职业规划、培训和发展或信息管理（在第4章中提到过），是不可能持续的，除非和更广泛的组织文化问题联系起来。同样地，构建一种新文化的努力将不可能持续，除非和第3章所讨论的通过人力资源流程而将其制度化。根据这种逻辑，文化和变革倡导者的努力很可能会推动其他八个人力资源胜任力领域的发展。[一]

其次，变革和文化已经成为组织思维与行动不可或缺的部分。伟创力公司首席执行官迈克·麦克纳马拉不断地谈论文化，以及如何改变文化以赢得市场。第3章阐述了组织能力的总体概况。如上所述，文化一词比人才有更多的谷歌点击量，是2014年《韦氏词典》（Merriam Webster）的年度词汇。彼得·德鲁克曾经说"文化能把战略当午餐吃掉"，战略规划方面的思想领袖也在推崇这一主张。[2]文化作为关键能力，具有很高的业务影响力，但其有效性低（见图3-1）。许多公司都在努力梳理和实施有助于它们在市场上取胜的文化变革，以赢得市场。同样地，变革管理已经成为企业成功的一个越来越能被接受的部分，通常被称为战略执行、战略敏捷性、转型或简单地称为变革。随着技术、经济条件、政治环境和劳动力人口结构的变化（见第1章），组织必须迅速适应环境，不然就会灭亡。许多公司已经制定了具体的"变革模式"，可以适用于公司发起的任何新举措。

[一] 虽然我们没有报告九个人力资源胜任力领域的具体相关性，但在八个案例里，有六个案例的文化与变革倡导者和其他八个领域之间的相关性是最高的。这可能证实了文化与变革对其他胜任力的推动作用。

这些变革模式可能有所不同，但它们为变革的艺术带来了急需的科学规律。这种要变革的压力越来越大，而且很大一部分压力来自信息的透明度，信息的获取和信息的流动性导致了公共责任的产生。例如，在全球领先的研究和洞察平台 Qualtrics 中，所有员工每周都会发布他们的工作内容和目标，每个人都能看到。这种完全透明的系统鼓励了员工的责任感和协作精神，因为他们可以"观察"其他人正在做什么，思考他们之间如何合作。许多组织会为高管在公司外举办活动。几乎所有公司的外部活动中，实现变革或管理文化的模块都会被写进议程里。文化和变革是企业成功所必须考虑的。

再次，文化和变革越来越由外而内地受到关注。[3] 驾驭矛盾的相对重要性（见第 8 章）是基于外部变化的增速。组织对外部环境回应（或不回应）：那些回应的，活下来并发展起来了；那些不回应的，落后了、消失了。在过去的 60 年里，在最初上榜的《财富》500 强企业中，只有 60 家如今还存在，其消失率高得惊人。

矛盾中固有的紧张关系，可以确保建设性的对话能带来积极的改变。同样地，越来越多的人不把文化看作公司内部的规范、价值观和行为，而更多的人把文化看作由外而内定义的价值观、正确的规范和行为。大多数人形象地把文化视作树的根、冰山的水下部分或隐藏的价值观。我们认为，文化不是根，而是滋养树木生长的阳光雨露。根通常根植于过去，树叶和太阳使树木成长⊖。冰山的隐藏部分是看不见的，可见的部分是其他人所看到的和回应的内容。

在我们看来，文化是企业在关键客户心目中的身份认同，对员工来说是真实的。仅仅拥有一种文化（价值观）是不够的，还要拥有正确的文化（一种身份认同）。因为这样的文化不仅是规范、行为和价值观，而且是促使目标客户与公司有更紧密关系的规范、行为和价值观。[4] 这种由外而内看文化的视角使文化从社会议题变成一个经济议题，并在商业对话中体现

⊖ 指光合作用。——译者注

了它的合理性，正如在伟创力公司的例子中所展示的那样。

最后，人力资源在定义和实现文化和变革方面发挥着越来越大的作用。很少有人会否认资深的业务领导者是公司文化和变革能力的主要负责人。业务领导者的个人行为通过传递关于重要事项的信号来塑造文化。业务领导者鼓励他人改变和适应的行为也会传递出组织的灵活性与转型信息。业务领导者经常寻求思想伙伴的帮助来定义文化和管理变革。对于许多公司来说，这些思想伙伴就是它们的顾问，他们的分析能力和丰富的经验增加了定义文化与管理变革的可信度。

今天，在许多情况下，人力资源专业人士成为文化和变革的思想伙伴。这意味着人力资源专业人士必须是值得信赖的行动派（见第 6 章）、战略定位者（见第 7 章）和矛盾疏导者（见第 8 章），帮助领导者改变他们的个人行为，创造持续的组织变革。优秀的首席人才官本质上是文化和变革倡导者，他们推动个体领导者和组织适应变化以赢得胜利。

我们选择倡导者一词是因为资深的业务领导者仍然是责任人，或者是文化和变革的主要责任人。顶尖的人力资源专业人士会倡导新思想，他们通过观察正在发生的事情，设想应该做些什么（一个由外而内的视角），并提出行动步骤来实现既定目标。我们经常被邀请去识别扮演这些角色的人力资源专业人士。我们可以提名我们认识的人，但是这样的文化和变革倡导者也可以在美国国家人力资源学会的成员中找到。这些被提名和当选的人通过了同行的评审，评审项目通常包括倡导变革和文化的能力。

作为一名人力资源专业人士，你如何能成为一位更好的文化与变革倡导者

人力资源专业人士可以通过促进文化对话、设计文化改进流程、利用人力资源工具来加强和支持文化，辅导领导者在他们的个人行为中传递出企业文化，从而成为文化的倡导者。基于我们与许多开展文化变革的组织

中人力资源专业人士的合作，我们提出以下几个建议以帮助人力资源专业人士成为文化倡导者。

（1）用由外而内的视角来定义正确的文化。大多数的文化评估描述的是当前的文化规范或价值观。要定义正确的文化，就要成为一个观察事件并发现模式的人类学家，特别是要了解关键客户当前和未来的需求，并与市场营销和品牌专家合作，清楚地说明你的组织希望如何被这些目标客户认知，不要被你们以往的身份束缚住。预测未来的客户，你们希望客户通过什么方式知道你们的公司。几十年来，麦当劳一直以"品质、服务、清洁和价值"而闻名，如今它已经发展成为强调顾客体验的一家公司。伟创力公司以零件的高效交付而闻名，但现在已经以系统解决方案而闻名。苹果公司从电脑制造商演化为软件、应用、音乐的系列产品零售商的变化，都显示出一系列的文化转型。

（2）审核管理团队之间共享理想文化的程度。了解管理团队是否对于公司希望在最佳客户心目中以什么而为人所知达成共识。通过与客户对话以确保内部身份认同符合客户期望。在员工调查中，不仅要看文化价值观的平均分，而且要看标准偏差，以了解文化的共享程度。

（3）将品牌形象的外部承诺转化为内部行动。公司内部的理想文化应该反映出对外的承诺。我们愿意实验并尝试反映新文化的新内部实践。通过叙述客户的故事来讲述员工的行为如何满足他们的需要。根据客户的期望来管理人才在组织中流动……招募在文化上匹配的人，而不仅仅是有技术能力的人；培训时也要牢记文化要求。制定标准和奖励那些兑现客户承诺的行为，并让客户参与到奖励过程中来。将你们的领导胜任力与你们对客户的承诺联系起来。建立能够预测新客户需求的颠覆性团队，正如美国运通公司所做的那样，告诉这些颠覆性的团队，"在我们的竞争对手出手之前，先将美国运通赶出这个行业"。

（4）在关键事件中提出文化问题。帮助客户意识到他们不仅在购买产品或服务，而且在购买一种文化体验（参见那些成功的公司，如迪士尼、脸书、谷歌）。帮助投资者认识到，以客户为中心的、统一的文化将确保长期的成功。与董事会一起，使文化成为公司治理的一个持续性话题。我们一直认为，董事会层面的传统的薪酬委员会可能会变成人才、领导力和文化委员会而把薪酬作为议程之一（而不是唯一的议程）。与资深的业务领导者一起，监督他们的个人行为和沟通，以确保他们能代表所期望的文化。观察他们把时间花在了哪里，他们会见什么人，以及他们谈论什么问题，使他们成为文化大使。在诸如 glassdoor.com 这样的社交媒体网站上，通过员工敬业度调查（不仅要关注文化问题的平均得分，还要关注所有问题的方差）以及个人观察来监测文化。与资深业务团队一起巡视工厂时，当一名细心的人力资源专业人士发现没有一名工厂的员工主动与任何一名业务领导者交谈时，可能暗示了管理层和工人之间存在一定的距离。

人力资源专业人员可以通过认识到变化是不可避免的和正面地帮助界定变革的内容（什么应该被改变），以及推进变革流程（如何发生变化），从而成为变革的倡导者。正如前面三章所讨论的，变革的一些核心能力包括建立信任，成为战略定位者和矛盾疏导者。此外，我们还辅导了许多业务和人力资源领导者，通过具体技能来提高他们实现变革的能力。

- **了解自己和他人**：寻找不符合情境要求的行为模式。经常把错误的事情完成得很好，这往往是最难以改变的，因为这已经成为习惯了。检查哪些习惯可行，哪些不可行。
- **透明**：强制对话。在不触发人们抵触情绪的前提下，探讨像"房间里的大象"那种大家心知肚明却避而不谈的问题，通过分享关于什么和为什么需要改变的数据来帮助人们了解变革的必要性。
- **能够关注大局与局部（缩小和放大）**：往远放大——看到大局和变革确保未来取得成功的原因；缩小，关注眼前，将想法转变成行动,并为行动制定纪律。
- **做一个敏捷的学习者**：即使失败,也要毫不犹豫地采取行动。你在失败的地方成长,并从错误中汲取失败的教训,并收获心智的成长。从可行的或不可行的事情中学习,并将这些知识运用到下一个机会中。
- **愿意分享荣誉并接受失败**：让正确的人参与变革。那些受变革影响最大的人可能有最强烈的愿望去改变。要清楚变革将如何使他人受益；如果可能,主动地"拉动"这一进程（积极的效果）,而不是被别人"推着"做（被迫做）。
- **借助变革工具包**：定期使用并被应用于关键举措中。
- **能够对变革进行排序**。组织中的大多数变革努力都遵循"S-曲线"。这意味着他们从小事开始实验,并有很多不同的想法。当他们沿着曲线向上移动时,实验就获得了动力,这些变革开始变得正常化。当接近 S 曲线的顶部时,这个变革变成了组织内部一个自然的过程。人力资源变革推动者知道如何驾驭 S-曲线早期的多样化思维,从而使聚焦的实践活动在曲线上进一步上升。他们也知道何时启动新的 S 曲线（通常是当前曲线的 60%～70%）以保持新措施的活力。

最后,与我们作为文化和变革倡导者的发现相一致,确保个人的变革举措能成为整合的文化解决方案的一部分。

第二个战略推动力：人力资本管理者

人力资源在过去几十年的主要角色是识别、评估和管理人才（人员或劳动力）。虽然本书的重点是"赢在胜出"（见第 3 章）,但人才仍然很重要。在过去的几年里,人力资本这一术语受到了越来越多的关注,因为它指的是增加对个体的投资。

利用这一逻辑,我们发现了许多与提高个人贡献相关的人力资源能力。我们将这些能力归类为人力资本管理者的领域。

把这个词组分开看,资本通常被认为是一种没有感情的资产,而管理者创造了情感。今天的人们加入组织常常是为了寻找一个情感的归宿,而不仅仅是一个短暂的居住地。博物馆管理者特别关注那些参观"博物馆"的人(在这个例子中,就是客户和组织的投资者)的独特需求。管理者关心和塑造的是一种体验,而不仅仅是走过场地把事情做完。博物馆的管理者负责管理艺术收藏品,知道根据参观者的喜好来突出哪些作品。管理可能包括获取新的艺术品,将现有的艺术品以新的方式布展,或者售出不太有价值的艺术品。

毫不奇怪,人力资本管理者是为一线经理创造价值的最重要的胜任力(在表2-12中占14.9%,而文化和变革倡导者占13.6%)。理论上这是讲得通的,因为一线经理承担了缺乏关键人才而产生的损失,并直接受益于组织内拥有高质量的人力资本。因此,为了使经理的生活更加美好,人力资源部可以在成为人力资本管理者方面有所作为和有卓越的表现。

人力资本管理者在四个领域提供了整合的和创新的解决方案:培养人才、培养领导者、推动绩效和培养技术人才(见表9-2)。

表9-2 不同评估组给人力资本管理者子领域的平均分

人力资本管理者领域				
	所有人的评估	自我评估	经理评估	人力资源同事评估	非人力资源同事评估
培养人才	4.06	3.97	3.92	4.03	4.16
培养领导者	4.01	3.95	3.85	4.01	4.08
推动绩效	4.06	3.97	3.92	4.03	4.16
培养技术人才	4.01	3.95	3.85	4.01	4.08

擅长人力资本管理的人力资源专家,运用他们所掌握的个人行为和组织行为的知识以及经典、前沿的人力资源研究方法,来解决人力资源和业

务部门的人才问题。人力资源实践、流程和结构的创新和整合具有长期的影响力，但也可以推动当前业务结果。

美国西屋公司的人力资本管理者实例

美国西屋是一个标志性的美国品牌，在过去的 130 年中以生产各种各样的产品而闻名。该公司自 2006 年起由东芝公司控股，目前主要经营与核能相关的产品和技术。最近，该公司提出了一项着眼于全球增长的战略。为了实现这一目标，新 CEO 和他的首席人才官知道，就像客户之声调查确认的那样，他们需要提升技术和非技术人才水平。

对西屋公司的新任首席人才官 Eric McAllister 来说，这意味着要从人力资源着手。总体来说，人力资源团队虽然有很能干的合规经理，但如果没有很强的业务敏锐度，也不能将业务战略转化为可增值的人力资源行动。如果你希望改善人才管理实践以适应业务的战略和期望，你就要确保组织中具备可以由外而内地思考问题的人力资源专业人士。

西屋公司当时对人才的投资不足。它在招聘方面中并没有战略眼光，只依赖于"发布招聘广告和等待人才应聘"的方式。该公司并不是在打造或购买人才；McAllister 想知道他们是否真的知道优秀的人才是什么样的。西屋公司聘请了一名外部顾问，对其员工群体进行调查，以了解他们是否满足公司的核心预期。他们的发现很有趣。

- 经理认为，他们公司的人才水平还不错，"达到了标准"，但经理对标准的看法大相径庭。
- 员工觉得标准太低了，或者他们不知道公司对他们的期望是什么，也觉得没有足够的培训活动。

这项调查证实了关于公司能接受平庸之辈的假设，其实员工并不喜欢。

西屋公司的第一步是为人才设置标准，因此人力资源团队为所有员工制定了基础胜任力以及最低绩效门槛。然后，在每个级别上设置 B 行为、A 行动和 R 结果（BARs）。人力资源团队将这些 BARs 整合进人力资源的实践和流程中，包括招聘、发展和绩效。因此，西屋公司定义了最低绩效门槛并基于 BARs 进行（现在仍然是）招聘、发展和奖励。

通过对"优秀"的定义，McAllister 和他的团队现在可以更加密切地关注招聘了。他们增加了公司招聘的核心学校的数量。技术人才招聘很难，主要是因为没有一个招聘人员有技术背景，基于此他们建立了一个技术招聘团队。

西屋公司仍处于人才改进的初级阶段，但已经初见成效。招聘的关键指标之一——职位填补的时间，从 85 天减少到了大约 60 天。关键人才的流失减少了一半，而好的流失（表现不佳的人员离职）正在增加。这个案例说明了人才升级对于实现业务计划的重要性。

影响人力资本管理者的新趋势是什么

第 1 章回顾了通常状态下许多人面临的令人困扰的情感状态（"个人环境"部分），尤其是对潜在员工的影响。第 5 章回顾了人力资本管理为优化员工表现在考核、奖励、发展和参与方面的新实践。在这里，我们突出强调了影响人力资本管理者的四个子领域的趋势。

- **人才**：人们的差异性越来越多地被认可并被纳入人才策略。员工因时代不同而不同（例如，"婴儿潮一代"和"X 一代"和"千禧一代"），因工作方向不同而不同（例如，全职与兼职或临时工），或因其他多样化因素的不同而不同（例如，种族、性别、全球化背景、教育经历）。虽然各个组织正在根据这些差异来定制人力资本实践，但它们也发现员工几乎普遍需要从工作中找到意义和目的。

找到这样的意义不仅仅是提供免费的食物和对员工友好的政策（例如，带宠物上班），而是让员工去做有影响力的工作，包括让员工参与工作决策（见第 5 章关于参与的部分），并创造具有良性关系的工作环境。针对这些趋势采取行动的人力资源专业人士将会帮助提升员工的生产力和贡献。

- **领导力**：领导者和领导力是被人力资本管理者研究最多的维度之一。重点越来越多地从个人作为领导者转变成组织内部集体和分散式的领导力。此外，领导力不仅仅是领导者的个人素质，更多的是领导者（和领导力）在组织内部为他人创造的价值（例如，激励员工和实现战略）以及在组织外部为他人创造的价值（例如，创建客户品牌和股东价值）。如第 5 章所述，培养领导者包括面对面培训、线上培训以及新环境下的个人经历。人力资本管理者需要通过辅导、测评和发展的手段来培养领导者与领导力。他们还需要通过诸如领导力资本指数等来向投资者和客户展示领导力的质量。

- **绩效**：第 5 章回顾了作为绩效和责任的一部分措施，并为绩效管理提供了启示。人力资本管理者的工作趋势是确保员工与老板之间能够积极对话。这种积极对话解决了不承担责任（通常导致绩效没有什么改善），以及把官僚化的流程用于绩效评估的矛盾（导致无所谓的心态）问题。我们发现积极对话主要聚焦于三个部分：帮助理解（这使经理更像一个教练而不是一个控制者），数据（突出哪些是有效的，哪些是无效的），解决问题（关注于未来的结果）。这些对话鼓励的是发现机会而不是惩罚，让个人对结果负起责任。人力资源专业人士作为人力资本管理者关注更多的是有助于实现业绩的积极对话而不是流程。

- **技术培训**：有趣的是，技术培训作为一个次要因素出现在人力资本管理领域。传统上,在职业讨论中,员工从个人贡献者(第二阶段)进入管理层(第三阶段),然后成为战略者(第四阶段)。我们现在发现,许多员工希望继续从事技术职业,而不是进入管理岗位。他们从个人贡献者到成为其他人的导师,进而成为某个技术领域中的佼佼者。我们经常问参加我们培训项目的学员,他们更喜欢管理职业路径还是技术职业路径,他们的回答大约各占50%。这样的职业选择再次说明了尊重个体差异是管理人才的一部分。人力资本管理者帮助员工做出明智的职业选择,并提供技术或管理职业的发展路径。

作为人力资源专业人士,你如何成为更好的人力资本管理者

人力资源专业人士作为人力资本管理者,可以在专业职能中心工作,或者深入业务部门。正如西屋公司的案例所证明的那样,人力资本的改善往往开始于人力资源领域。当人力资源专业人士实践了他们提出的人力资本工具时,他们就会更值得信赖。当我们辅导那些想更好地管理人力资本的人力资源专业人士时,我们提出了以下几个建议。

- **掌握人才的科学**:人力资源经常被指责为"软"学科,实际上,这个领域里有大量的科学事实和证据。本书通篇都提到了人力资源科学。第4章讲述了信息的作用;第5章回顾了人力资源分析对业务结果的重要性;第10章强调了分析设计和解读的能力。以证据为基础的人才决策将为人才选择提供信息支持,使你能从昙花一现的人才操作中识别出历久弥新的实践。

- **发现独特性**:不要假设别人和你一样。根据自己的期望来评判别人是很容易的。人力资本管理者不会将自己的价值观强加给他人,而是帮助他人定义自己的价值观并实现目标。一位才华出众的心

理学家曾经说过，只要她能关心找她咨询的人，她就能和几乎所有的客户一起工作。同样地，作为人力资本管理者，你应该关心你服务的员工。当人才系统创造组织能力时，受系统影响的人就需要成为人力资源工作的核心。

- **同时管理平等和公平**：平等是确保所有的员工都有平等的机会。公平是通过确保那些做出更大贡献的人得到更多的回报来体现差异化。让所有员工都有机会发挥潜能，但也要根据他们的绩效区别对待，让员工感觉到他们对你和组织都很重要。这种对待员工的矛盾就像是对待孩子的矛盾，一个好的父母给所有的孩子同样的爱，但会根据他们的特质来区别对待他们。

- **设计并交付整合的人力资本解决方案，而不是孤立的实践**：有一家公司发现员工对公司对他们的期望感到困惑，因为公司雇用了具备技能 A、B、C 的员工；然后训练他们做 D、E 和 F；再根据他们做到了 G、H 和 I 而奖励他们，这些孤立的人力资源实践不是更清晰了，而是造成了更多的混乱。在西屋公司的案例中，领导力和技术成功的核心能力是整合机制，这样人力资源实践就能为业务问题提供人力资本解决方案。

作为人力资本管理者（保管者、守护者、监督者、监护者），人力资源专业人士要确保员工具备正确的技能、敬业精神和使命感，这样才能使每个个体高效工作并实现组织成功。

第三个战略推动力：全面薪酬总管

在人力资源胜任力研究的第四轮和第六轮中，当我们针对一线经理，对人力资源专业人士的具体知识和行为项目进行要素分析时，他们将报酬纳入了"人力资源交付"（第四轮）和"人力资源创新者和整合者"（第六轮）领域；在针对人力资源专业人士做相同的要素分析时，则没有将报酬纳入。报酬经常被一线经理认为是人力资源管理组合不可或缺的部分，但具有讽刺意义的是，很少有人力资源专业人士这么认为。

报酬，特别是薪酬措施，正变得越来越复杂，越来越细分。许多资深的人力资源从业者才认识到，虽然薪酬制度能塑造和强化员工行为，但复杂的监管要求和分析细节都需要深入的技术专业化。只有人力资源的薪酬专家可以加入世界薪酬协会（WorldatWork）或 Center on Executive Compensation，资深的人力资源从业者才更有可能加入更大的人力资源团体（英国特许人事发展协会、美国人力资源管理协会、澳大利亚人力资源协会、ASHRM 和我们的其他合作伙伴）。

在这一轮中，全面薪酬总管领域是所有利益相关者（见表 2-8）对九个胜任力领域的评分中最低的。它对个人有效性的影响是第二低的（6.2%，见表 2-11），对利益相关者的个人影响也相对较低（见表 2-12），对业务的影响也是第二低的（8.4%，见表 2-13）。作为全面薪酬总管的唯一可观的影响是对社区的影响（19%，包括监管机构，它们通过薪酬政策进行干预）。这些发现表明，虽然作为一个全面薪酬总管可能是总体人力资源胜任力组合的一部分，但它不是个人效能、利益相关者价值或我们研究的业务结果的主要驱动因素。

通过这些总体结果，我们看到了全面薪酬总管领域的两个子要素（见表 9-3）。与其他人力资源胜任力领域相比，人力资源专业人士在报酬的货币部分（管理薪酬和福利）比非货币部分更擅长（设计有意义的工作）。

我们认为，报酬（包括货币和非货币部分）是人力资源解决方案不可或缺的一部分（见第 5 章奖励的概述）。报酬也许不能推动绩效（几乎没有人为了加班费而在周末工作），但它说明了什么是重要的（在周末工作是值得的），并强化了行为（如果周末工作有积极的结果，那么在周末工作过的员工也会愿意加班）。我们还认为，无论是货币还是非货币的报酬都是有用的，人力资源专业人士都应该能熟练使用。

表 9-3 不同评估组给全面薪酬总管子领域的平均数

全面薪酬总管					
	所有人的评估	自我评估	经理评估	人力资源同事评估	非人力资源同事评估
设计有意义的工作	3.81	3.72	3.74	3.79	3.90
管理薪酬与福利	3.93	3.82	3.87	3.92	3.99

力拓矿业公司全面薪酬总管实例

力拓矿业公司是全球最大的金属和矿业公司之一，在近 40 个国家雇用了 47 000 名员工。鉴于采矿业的性质，力拓矿业公司在世界上一些最偏远的地区有业务。虽然该公司在澳大利亚拥有 22 000 名员工，但整个集团的地域和文化差异是巨大的，从马达加斯加到副极地地区都有业务。力拓矿业公司薪酬福利团队的工作非常复杂。当普遍适用的标准化薪酬福利架构被运用到全球范围时所起到的作用是有限的，所以力拓矿业公司没有这样做。相反，它采取措施了解业务涵盖区域的文化背景，并相应地调整薪酬和福利。考虑到当地员工最看重的是什么，公司会将有意义的薪酬福利产品与员工偏好保持一致。下面是几个例子。

- **蒙古**：公司了解到，蒙古员工更喜欢现金而不是公司提供的福利。
- **加拿大西北地区**：在加拿大偏远的北极地区的迪亚维克钻石矿和黄刀镇（员工家属所在区），恶劣的天气足以成为致命的恶劣条件，因此力拓矿业公司为所有员工提供汽车应急工具包，当他们不工作时可以随身携带，公司还承担了成为路边紧急救援会员的费用。
- **澳大利亚的偏远地区**：在澳大利亚的许多地方，矿井是方圆数英里的社区的枢纽。员工子女受教育的机会是有限的，力拓矿业公司因此会在需要的地方补贴寄宿学校费用。此外，由于位置偏僻，员工外出度假需要花费大量的时间在旅途上，所以力拓矿业公司就会为旅途的第一段行程提供补贴。
- **韦帕、昆士兰、澳大利亚**：力拓矿业公司委托一家企业健康公司在澳大利亚、韦帕试点全面健康计划。在八个多星期里，一部分员工接受了营养、锻炼、睡眠和心理健康等方面的指导以建立积极健康的习惯。该计划受到了参加员工的热烈欢迎，公司决定将该项目在整个韦帕社区中推广。

公司的薪酬福利计划中确实有标准化的部分，例如该公司在其全球全员持股计划中允许员工购买零数股。这一特点使得低工资地区诸如马达加斯加的员工更容易参与该计划。力拓矿业公司为所有员工购买的股票提供100%同等数额的股票，也包括零数股。

力拓矿业公司是一个很好的例子，它力求为全球员工提供多样化的以员工为中心的薪酬福利。

什么是影响全面薪酬总管的新趋势

无论是货币的还是非货币的，薪酬都能传递出重要的信息。如果一家公司更多地关注收入、盈利能力、客户服务、社会责任、市场估值、创新、留住人才或其他方面的东西[⊖]，那么这家公司的薪酬原则就会传递出相关的信息。货币与非货币的薪酬还表达了公司对员工价值的认可。有时候，员工得到的并不是实际工资，而是向员工和其他人传递的价值。因为薪酬方案会传递出公司和个人的意图，所以透明化也越来越重要。下面是一些全面薪酬总管应该了解的货币和非货币薪酬的趋势。

- **货币薪酬**：正如第5章所讨论的那样，金钱奖励是一个很好的激励因素，前提是它们符合我们提出的标准——可得到的、与绩效挂

⊖ 我们对 Charlie Tharp 在这一部分中的精辟见解表示深深的感谢。他构建了我们对这些问题的思考框架。

第 9 章 战略推动力：提供战略价值的人力资源胜任力

钩的、可见的、及时的、可逆的；货币薪酬也能让关键利益相关者传达出核心价值观。监管者利用薪酬规定来监管高管的行为（例如，美国关于薪酬建议权的立法，绩效工资或收回条款），以确保薪酬公平（用薪酬比率条例来缩小 CEO 的收入与平均工资之间的差距），如提供一个最低工资标准（向社会传递信息），给予带薪休假，等等。像力拓矿业公司这样的公司也会通过薪酬方案的选择向员工和投资者传递信息。人力资源专业人士应该对薪酬信号反应特别敏感，下面这三个问题是人力资源专业人士需要回答的。

- 第一，薪资是为什么而付？薪资注重的是个人的还是集体的行为或结果？薪资如何平衡短期与长期成果？薪资能否为公司带来价值（例如，Chipotle 餐厅每年支付给餐厅经理大约 10 万美元，因为他们意识到餐厅经理为餐厅创造了很多价值）？收入与成本的比较？创新与效率的比较？
- 第二，以什么形式支付？货币薪酬可能以基本工资、年度奖金或长期激励（绩效股、股票期权）来实现。这些形式的薪资因级别和角色的不同而不同。
- 第三，与谁比较薪资？大多数机构以薪酬调查为基准，以确保外部公平和内部公平。

当全面薪酬总管回答了这些问题时，他们就建立了一种显示组织成功的战略推动力和个人公平性基本原则的薪酬理念和货币薪酬体系。全面薪酬总管不断调整这三个问题的答案，使用货币薪酬来驱动业务和个人的成功。

- **非货币薪酬**：虽然货币薪酬常常是重要的、直观的指标，但非货币薪酬也会传递明确的负面和正面的信号。负面的非货币措施可能包括惩戒、负面的评论，或不被给予重要的工作机会或决策权。

正面的非货币薪酬包括认可度（员工会重视对他们所做工作的公开认可度）、工作本身（当员工从他们所做的工作中找到个人的价值且当他们有能力去完成他们的工作时，会更加投入）、工作或职业机会（当员工看到他们的努力增加了他们的职业发展机会时，他们的归属感会变得更强）。员工在工作中的心理契约往往和商业合同一样有意义。

全面薪酬总管可以帮助业务领导者利用非货币薪酬的杠杆来使员工保持热情或良好的状态，有时，非货币薪酬可能是公司的礼宾服务，如洗衣服务、日间护理、按摩室和提供食物。其实更有意义的非货币薪酬是，员工将自己的身份与工作融合起来，从工作中找到目标，建立关系，并掌控自己的工作环境。

敬业度方面的文献表明，当员工从工作中找到意义和目标时，他们就会更加投入、更有效率。对意义的一个关键预测指标是让员工感觉到他们在工作中控制创造意义的程度。与其问被动的问题，比如"你找到工作的意义了吗"，不如去问一个更积极的问题，就是"我能做些什么（或者尽我最大的努力）从而找到工作的意义"。全面薪酬总管通过鼓励员工对寻找工作的意义担负起个人责任来增加员工的幸福感与快乐。在力拓矿业公司的案例中，这意味着为不同角色和地域的员工定制适合他们各自特点的非货币薪酬项目。通过这样做，他们建立起了针对员工认为的最重要领域的非货币薪酬体系。

作为人力资源专业人士，你如何成为一个更好的全面薪酬总管

人力资源专业人士不用害怕那些管理全面薪酬所必需的技术要求。与其将货币薪酬的工作都交给薪酬专业人士，不如让所有人力资源专业人士都能掌握货币和非货币薪酬的基本原则，这样可以更好地沟通公司的计

第9章 战略推动力：提供战略价值的人力资源胜任力

划，强化员工的行为。鉴于这个胜任力领域对个人和组织结果的影响较低，显然还有改进的空间。

无须成为一名薪酬专家，任何人力资源专业人士都可以通过以下方式来更好地掌握薪酬的力量。

- **不用太过担心如何成为薪酬专家，而要真正了解薪酬的基本原则**：在形成薪酬理念时，问这样的问题："我们想通过薪酬体系来告诉大家什么？什么是我们的主要业务计划，我们的薪酬选择如何强化这个计划？关键投资者和客户的利益相关者会怎么评价我们的薪酬选择？"确保在赢得客户市场和投资者市场以及你做出的薪酬选择之间有一条基准线。
- **保持薪酬信息清晰易懂**：确保你可以向所有级别的员工解释薪酬理念的要素，这样他们就可以了解他们的个人行为与个人行为对薪酬的影响之间的联系。
- **听取薪酬专家的意见**：他们可以就监管和薪酬选择的最新趋势向董事会、薪酬委员会、资深一线领导、薪酬专家和人力资源专家提出建议。确保这些专家能提出使货币薪酬与业务目标和个人行为保持一致的有创意的建议。
- **使用奖励来强化行为，而不是引起变革**：当员工的行为与业务计划保持一致时，就要用货币和非货币的方法奖励他们。这可以包括增加基本薪酬、奖金、股票期权或当场奖励，也可以包括公开的认可、对工作活动有更多的自主权，或参与重点工作相关的决定。
- **帮助员工找到他们工作的意义和目标**：像力拓矿业公司那样，调整非货币薪酬以适应工作环境和独特的员工需求，帮助员工承担从工作中寻找意义和目标的责任，找出能使员工觉得有意义的事务，并将这些的事务植入组织。

我们认为，整合的人力资源解决方案包括人力资源在招聘、培训、职业发展、员工参与、组织设计、制定工作政策以及货币和非货币薪酬方面的实践。只把薪酬工作交给薪酬专员而没有把它整合到人力资源解决方案中，有点儿像打一场体育比赛而不记录分数一样。比赛可能是有吸引力的，但记录分数和奖励成功能鼓励进步。

结论：战略推动力

人力资源专业人士为了提高个人成效，为利益相关者服务以及实现业务目标，需要成为文化和变革倡导者、人力资本管理者和全面薪酬总管。我们希望本章提供的辅导贴士能够帮助有抱负的人力资源专业人士在这些胜任力领域取得进步。

第 10 章

基础推动力：帮助提供基础价值的胜任力

在第 2 章，我们强调了疏导矛盾是对业务绩效影响最大的人力资源胜任力。在第 8 章，我们回顾了疏导矛盾的逻辑和工具。人力资源专业中长期存在的矛盾之一是战略的（长期的、转型的）相对基础性的（短期、事务性或战术）工作。很多人力资源专业人士一直主张人力资源应该从关注短期转变为关注长期，从事务性的工作转变成以变革为主的工作。与疏导矛盾的原理一样，我们认为有效的人力资源专业人士必须同时管理战略和基础事务性的人力资源工作。这种认识及其逻辑已经渗透到我们处理人力资源问题的方法中几十年了。如果人力资源专业人士不能把基础工作做好，他们很可能就不会被信任而不能被邀请参与到战略性的业务问题中。

在前面的章节里，我们讨论了三个战略推动力。在这章中，我们会谈到三个基础推动力：①合规管控者；②分析设计和整合者；③技术和媒体整合者（参见第 2 章中图 2-3，以了解这些能力如何成为九个人力资源胜任力总体框架的一部分）。虽然这三种推动力对个人、利益相关者或业务结果的影响并不像三种核心驱动力那么大，但它们仍然是对人力资源专业人士所需胜任力的重要描述，还是表 2-10 到表 2-13 所示的每个结果的重要预测指标。

第一个基础推动力：合规管控者

在人力资源专业人士研讨会上，我们经常会问大家有效人力资源的标准是什么,回答最多的往往是支持业务策略,建立提升客户价值的能力,变革的架构师,从外到内构建人力资源,等等。我们提醒人们,还有另一种不那么时髦或感性的回答,就是要确保组织遵守政策。

合规往往带有负面的含义,特别是在人力资源的背景下考虑这个问题。遗憾的是,在人力资源专业里,对许多人来说,他们仍然仅仅被认为是合规监察员或政策督察。虽然我们试图避免对人力资源的刻板印象,但我们明白,合规对长期成功至关重要,因为恰当的合规政策就像让火车按时运行,拿起电话就能听到拨号音,或者转动钥匙让汽车启动一样。合规是根据法律法规保护员工的权利,是员工和管理层之间的联系。

合规管控者是被所有人高度评价的能力(4.32分,几乎接近值得信赖的行动派的能力,4.33分是九个胜任力领域中最高的,见表2-8),在世界各地的得分都很高(见表2-10)。毫不奇怪,这项胜任力是与人力资源专业人士个人(见表2-12)和与立法者打交道的人力资源部(见表2-13)最相关的。合规管理是人力资源行业的传统,必须传承,只有这样这个行业才有可能获得信誉和更多的战略性工作机会。

组织有大量的合规流程需要管理。以法规为例,正如法规可以约束商业利益一样,它也可以定义人力资源行业需要知道什么和做什么。然而,人力资源专业人士必须了解法规,并确保组织遵循它。人力资源部与组织合作,确保其了解新的法律准则,鼓励并经常领导合规项目。与此同时,人力资源必须保护员工,维护员工的权利。表10-1是关于合规管控者的评估。

表 10-1 不同评估组给合规管控者子领域的平均分

	合规管控者				
	所有人的评估	自我评估	经理评估	人力资源同事评估	非人力资源同事评估
合规管控者	4.32	4.34	4.31	4.30	4.38

合规管控者实例：新加坡公共服务部门

一个典型的优秀合规管理案例来自公共服务部门，这并不奇怪。新加坡公共服务集团（Public Service Group）是一个创新和高效的政府服务优秀案例，这也不足为奇，因为新加坡是一个以公共服务部门帮助经济增长而享誉盛名的标志性国家。

新加坡公共服务部门（PSD）属于总理办公室的一部分，是新加坡政府的中央人民机构。PSD 的职责是服务和培养公务员，但它是应总理和民选官员的要求而行事的，PSD 义不容辞的职责是确保政府雇员协助执行国家规划。

新加坡的国家规划是由被选出来的执政党来决定的，在过去的 50 多年中，执政党一直是人民行动党。这个政府带领新加坡经历了一段经济快速增长的时期，用了 50 年的时间将新加坡从第三世界国家变为了第一世界国家。这为新加坡公民提供了高水准的生活，为政府建立了长期的良好信誉和信任。新加坡为本国公民和外国人提供了一个非常安全、清洁和管理良好的生活环境。新加坡政府取得这样的成功在很大程度上得益于它民主的治理和严格的法治。乱扔垃圾会导致高达 500 美元的罚款，贩卖毒品和非法拥有枪支会导致死刑。

对于一个有 30% 的人口不是本国公民的国家来说，维持高水平的管理需要公民的配合。虽然政府传统上能够依靠公民的严格遵守社会制度，但新一代的公民不再盲从。政府必须让公民参与进来，获得关注，赢得人心才行。虽然新加坡政府有超过 140 000 名公职人员，但是近年来 PSD 还是发现员工质疑和试图绕开规则的现象有所上升。

对公务员简单地传达新的政策已经不再有效，PSD 会尽可能地与 100 多个政府机构的代表一起共同制定政策。例如，2012 年，议会通过了《退休和再就业法案》，将退休年龄从 60 岁推迟至 62 岁。新的法律中有一项规定，要求雇主提供再就业的机会给 62 岁的人，而且至少要提供三年。

作为新加坡最大的雇主，PSD 必须采取行动，以身作则，以顺应新规定。PSD 不只是将新政策传达给公务员，而是会与每个机构联系起来以解释新规定的背景和目的，寻求来自不同背景的人的反馈，组织焦点小组的活动来确保每个人都有同样的理解，并确保公务员觉得受到了重视。

PSD 发现，当员工共同参与制定政策时，他们会更愿意相信自己在做的事情，而这反过来又使公务员与国家规划保持一致。

随着新法案的通过，从 2017 年 7 月 1 日起将再就业年龄增加到了 67 岁。PSD 再次带头，率先在 2017 年 1 月 1 日起就实施了新法案。

人力资源办公室的使命是为公共服务领域的人力资源团体提供专业的领导力。首席人才官办公室（CHROO）为 PSD 的人力资源团休提供专业的领导力保障。首席人才官办公室通过以下方式来规划和发展该领域与行业的劳动力。

- 在公共事务领域中建立 One HR 社区。
- 制定人力资源管理人士的专业标准，通过培训手段来提高人才资源的能力。
- 成为支持公共服务转型的有效变革促进者和战略合作伙伴。
- 为公共服务领域的人力资源领导力建立一个强大的人才输送管道。

他们提供一个前瞻性的人力资源社区，可以确保政府的人力资源工作是优秀人力资源服务的典范。

什么是影响合规管控者的新趋势

人力资源部的合规工作是确保很好地完成基础的必要的日常系统性工作。当合规工作被做好时，人力资源部就有资格参与到更具战略意义的工作中。合规管理的四个总体趋势可以帮助人力资源专业人士成为合规的推动者而不是阻碍者。

（1）鼓励政府法规、企业成功、教育机会和劳动力供给之间的协作： 我们经常看到政府和企业之间的冲突与矛盾。政府担当家长的角色，而企业成为抱怨的孩子；当政府提出建议而企业反对时，恶性循环就产生了。我们在新兴市场中看到了积极的趋势，政府、企业、教育和劳动力市场可以协作来促进经济。新加坡的案例就是政府和企业合作的一个很好的例子。例如，在毛里求斯，我们参与了毛里求斯的领导力品牌建设。这个领导力品牌阐述了毛里求斯领导人将如何被多个利益相关者（公民、投资人、游客）所认知。关于这个品牌的新举措是政府主导的，但是参考了对企业领袖的一些采访。这个领导力品牌一经建立（见图10-1），就成为政府机构负责人所必须进行的行为和教育机构培养未来领导者的指导方针。总理把这项工作作为整个国家经济改革的一部分。

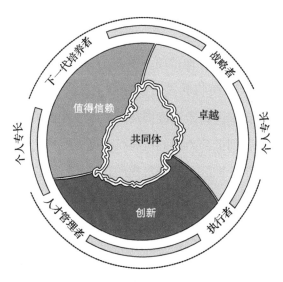

图 10-1　毛里求斯的领导力品牌

（2）促进监管创新： 为了能协同工作，应出台一些创新的法规，为改进工作建立积极的环境。南非的一家大型金融服务公司想要进入一个不发达的非洲市场，但发现这个新市场的金融监管机制刚刚起步，这增加了在市场上的风险。因此,在人力资源部的指导下,该公司指派了一些法规专家在这个新市场的政府里从事短期工作。六个月后,这个新市场的政府出台了一个法律法规的基础架构,为进入市场的公司提供了更高的政策稳定性。在另一个发生在成熟市场的案例中,首席人才官发现,他用了大量的时间来回应那些对他们的业务不太了解的监管机构。因此,他组织了一个论坛,在论坛上,制定就业标准的监管机构可以与人力资源思想领袖会面,以发现人力资源方面的创新,并希望他们以后能支持这些鼓励创新的法规。另一家制药公司指派了一名人力资源高管与行业说客一起工作了一年,以清晰地阐述和定位法规,使其能推动而不是阻碍产业发展。有一些专业协也会鼓励这种合作(例如,全国制造业协会赞助政府和行业领袖的会议和实地考察)。

(3)通过透明度和自我问责来达到最佳的合规要求:有时动机良好的规则会产生意想不到的后果。几年前,为了支持农业,负责农业信贷的政府机构允许农民抵押土地价值90%的贷款,而以往的比例只有70%。如果土地价值上涨,农民将会按照新标准贷款。这样做的后果是,当土地价值回落时,很多农民由于过度借贷而触发了严重的危机。根据当初的政策,政府不得不收回抵押土地的所有权。毫无疑问,农民对失去土地感到担忧和愤怒。在某一地区,信贷机构的首席执行官决定给农民三个月的还款宽限期。与直接收回土地相反,贷款专员每周还与陷入困境的农民会面,并与他们分享关于他们的贷款及其业绩的数据。经过12个星期开创性的数据分享,当贷款专员再一次问农民时:"接下来应该会怎样?"在大多数情况下,农民虽然仍然感到很烦恼,但已经比较能够接受被监管的现实。同样地,在组织中,在不明确正式后果的情况下,监管的透明度往往使人们自我担责。

(4)专注于让不能做的事情跃迁成为能做的事情:本书的一位作者请了一位建筑师为他建造房子。当建筑师了解了作者的想法后,没有立即说出有什么设计条例限制了这些想法。她只是说，分区制度和其他条例设定了一些房屋建造的基本原则，即使遵守条例也有办法满足该作者的愿望。同样，关于广告、就业和劳动力、环保、隐私以及安全性与健康的规定很可能会增加。2013 年，尽管美国国会只通过了不到 60 项法案，但联邦监管机构发布了 3500 多项新规定。有头脑的公司不是纠缠于什么不能做，而是扩大合规范围；不仅仅是遵守规则以避免问题，而且是去建立一种发现机会的文化。

这些监管趋势影响的不单是人力资源部，而是业务的各个方面。作为合规管控者，人力资源专业人士可以示范如何应对监管。

作为人力资源专业人士，你如何成为更好的合规管控者

虽然大多数人不是为了成为合规管控者而从事人力资源工作的，但这项工作必须得做，而且要做好。人力资源专业人士需要避免合规管理的两个极端。一方面，他们应该避免成为政策警察。这意味着他们的主要作用是确保遵守政策法规。他们被认为是照本宣科的人和靠命令控制他人行为的合规官员，他们的主要关注点是不能做什么。当人们写"讨厌的人力资源部"的文章时，往往是这种形象占了上风。

另一方面，人力资源专业人士不能忽略政策法规。在歧视（关于年龄、性别、残疾、种族的政策）、健康和安全性（关于工作时间和身体环境的政策）、公平待遇（关于儿童保育、最低工资和年龄以及劳动关系的政策）等领域，条例的制定一般都是为了提高员工的生活质量和改善组织工作环境的。举例来说，本书的一位作者受邀来到一家公司，这家公司的一位高管有公开与肆意歧视种族和性别的历史。员工最终提起集体诉讼，政府经过调查后发现他的确有这种行为。当我们问道："在这种行为发生的时候，人力资源部在哪儿呢？"员工回答说："他们是隐形的，推一推才动一下的。"人力资源部和其他人，都知道这些行为不合适，但他们什么也没说，什么也没做。在政策警察和粗心的观察者之间，人力资源专业人士可以通过做到以下几点来成为合规管控者。

- **了解当前的和预测未来的法规**：虽然很少有人力资源专业人士是监管专家，但他们可以获得这方面的专业知识。在不阅读和掌握大量法规条例的情况下，人力资源部可以了解当前和新出现的条例，并预测其后果。超前监管可避免疏忽。
- **与业务领导和员工一起举办法规论坛**：这些沟通的目的不是去限制创新、谴责监管机构，或制造恐慌，而是让将要发生的事情透明化。有一家公司，很多员工不清楚什么是腐败行为，所以人力资源专业人士组织了线上和面对面的研讨会来讨论那些不可接受的腐败行为。这样，在问题出现之前，员工就了解了什么是不可接受的腐败行为。
- **当不恰当的行为发生时，要及时和公正地应对**：当人力资源专业人士发现了不恰当的行为时，应迅速采取行动。尽职尽责，秉公办理。如果人力资源部能早点对前面提到的那位资深"仇外"的领导做出回应，就可以节省大量的时间，并获得声誉。再有，不是所有的投诉都是合理的，但是应该听取举报人的意见。人力资源专业人士应该通过个人接触（例如，访谈那些离职人员）和经验数据（例如，某部门离职人数不成比例）来发现问题。
- **以身作则**：不论是在法律合规方面，还是在恰当的管理实践方面，人力资源部都应该遵循更高的标准。我们发现有人力资源部鼓励他人遵守规章制度，但自己却不这么做。这种说一套做一套的行为会限制其影响力。

同样，很少有人加入人力资源部是为了成为监管者，我们的数据显示，大多数人力资源专业人士在作为合规管控者方面表现良好。把合规管理做好并不能直接提高业务成果或增加利益相关者的价值，但它能使人力资源部与业务部门的对话不受干扰地进行（拨号音的作用）。

第二个基础推动力：分析设计和整合者

在过去十年中，分析已经成为人力资源领域的流行词，也是人力资源领域未来一个日益重要的概念。在第 4 章和第 5 章中，我们指出了人力资源部利用分析来推动利益相关者和业务成果所面临的两大挑战。首先，在第 4 章中，我们提出分析是获取正确信息的一个过程。在谈论分析时，我们使用了许多概念：平衡计分卡、仪表板、预测分析、数据科学、循证决策、指标、人力资源会计、云数据（或大数据）、预测或劳动力建模。

所有这些努力的根本目的是获取和利用信息，以便做出更好的决定。如第 4 章所述，人力资源在信息管理中的作用应该集中在人力资源的参与以确保信息的最佳流动上，包括图 4-1 所示的五个信息管理步骤（识别、导入、分析、传播和使用）。分析应该能够推动信息管理的完善，如表 4-2 所示，当人力资源部管理信息时，利益相关者和业务部门所期待的积极的成果就会随之而来。

另外，分析方面的挑战是不要太多地关注人力资源信息，而是要更多地关注人力资源如何推进利益相关者和业务成果的信息。在表 4-2 中，我们提到了人力资源分析（关于专注评估人力资源工作）对利益相关者和业务成果只有中度的影响。在第 5 章中，我们强调了人力资源部如何从针对人力资源的人力资源分析转变成实现业务价值的人力资源分析。

这些人力资源部层面的信息和分析调查结果还显示了分析对人力资源专业有效性和对业务的影响。表 2-11 显示，了解分析方法对人力资源专业人士的个人有效性有中度影响（解释为 8.2%）；表 2-12 显示，人力资源分析能力也对利益相关者的价值有中度的影响，从对员工的 –6.8%（显然，当人力资源专业人士专注于分析时，对员工的影响是减少的，这意味着员工可能希望被看作是人而不是数字）到对于一线经理的 14.9%（一线经理认可人力资源专业人士在与他们的对话中运用的分析方法）。

尽管获取和使用信息对于改进业务决策是很重要的（见第 4 章），但人力资源专业人士设计和运用分析的能力是落后的。也许人力资源专业人士更注重分析的工具和方法（例如，预测建模和统计解析），而不是分析如何提供信息以帮助业务部门做出决策。

表 10-2 总结了人力资源专业人士作为分析设计者和解读者的两个子因素：①获得正确的数据（专注于信息，而不是分析工具）；②成为标准的拥护者（或者确保信息产生恰当的行动）。在这两个子领域中，人力资源专业人士都有改进的空间。

表 10-2　不同评估组给分析设计者和解读者领域的平均分

	分析设计和解读者				
	所有人的评估	自我评估	经理评估	人力资源同事评估	非人力资源同事评估
获得正确的数据	4.00	3.90	3.80	4.02	4.05
标准倡导者	4.02	3.89	3.77	4.05	4.07

分析设计者和解读者实例：壳牌

荷兰皇家壳牌集团（Royal Dutch Shell），通常被称为壳牌，一直以来都是世界上最赚钱的综合能源公司之一。壳牌有大量的人力资源数据可以被解析和用于解决关键的业务问题，壳牌有大约 400 名员工从事与分析相关的工作。壳牌的人力资源分析团队组建于 2013 年。壳牌在 70 多个国家中大约有 9 万名员工，拥有多样化的员工队伍和丰富的员工数据。

最初，人力资源分析团队只能从事任何他们能找到的项目，但现在他们有了更多的项目，比他们能处理的项目还多。这给他们提供了选择项目的机会，他们就可以选择那些对业务产生最大影响的项目。该团队严格遵守内部数据隐私规则，并始终确保分析结果是以总体水平的方式呈现出来的，这样确保了数据的隐密性。

例如，2014年，人力资源分析团队接受了一个提高安全性的项目。安全性一直是壳牌公司首要关注的方面，多年来，该公司在安全方面持续地进行改善，2010年安全指标的年度同比水平达到了平稳状态。2013年，5名员工失去生命，虽然比2012年的8名有所下降，但壳牌领导层无法接受员工的生命损失；他们需要更加努力地提高安全性。显然，还有一个与业务有关的因素，安全性的改善可以提高客户满意度，提高效率，降低成本。某些激励员工提高安全性的措施也开始实施。安全指标占公司平衡计分卡的20%，占了员工奖金考核的20%。尽管壳牌拥有强大的安全文化（例如，每次会议都从安全通报开始），但仍努力争取有更大的突破。

随着业务问题的出现，人力资源分析团队致力于寻找一个可能的解决方案。在外部研究的支持下，他们提出了一种假设，即敬业度（动机）的改善会使安全性的提高。首先，他们评估了员工敬业度与壳牌内部安全之间的关系。虽然这已经在组织之外被证明过了，但他们想要看看对壳牌来说是否真的能发挥作用，并确定其效果的大小——"奖品的大小"。他们开始评估某业务部门的分支（卡塔尔的一个天然气液化工厂）多年的在安全性与敬业度方面的得分。这一假设在卡塔尔得到了证实，因此他们决定将这项研究扩大到其他27个国家的多个生产厂区，并再次使用多年的数据。

他们发现，在员工敬业度方面增加一个百分点就能导致以下结果。

- 每个全职员工（FTE）的事故总数降低了4%。
- 每暴露小时的化学泄漏事件降低了4%。
- 每百万暴露小时内可记录的案件减少了3%。

通过此验证，他们开始处理下一个问题："是什么推动了敬业度？"他们再次考虑到外部对该专题的深入研究，该小组选择将领导力作为影响敬业度的关键变量。他们发现，在壳牌公司中，领导力影响了45%的敬业度得分，团队直接领导占 35%，壳牌公司的各业务部门的最高管理层占了另外的 20%。

有了基础研究和数据的支持，他们提出了一个简单的关于安全性的价值链（见图 10-2），他们发现这种简单的视觉呈现可以帮助沟通更复杂的分析。

更进一步，团队转向其他的数据并采取更有针对性的方法来改进领导力，这是价值链中的第一个变量。每年，员工调查都会要求员工对一系列与团队领导力和组织领导力有关的领导力问题进行打分。通过这些数据，他们发现了那些得分最低的领导者，同时也清楚地了解了在组织里，有哪些领导力问题（与外部对标企业相比，每个业务部门、地域、国家、地区等中的得分低的领导者的百分比）。年度调查因此成为组织用来诊断领导力的一种工具。

他们还重点关注在关键职位的上级领导者的表现。这种方法可以对那些在领导力和安全关键岗位上遇到困难的某些个人进行干预。一旦他们发现了这种领导者，团队就会把这些信息传递给相应的人力资源领导者，他们会确认这些领导力问题是动机（意愿）原因，还是技能原因造成的。这时，一线经理就可以决定是否为他们提供必要的培训或再培训，以提高他们团队的敬业度和安全性，还是将这个领导者挪走。

图 10-2　壳牌公司对于增加安全性的分析过程

他们发现，好的领导力可以提高安全性和敬业度，降低缺勤率，改善销售且提高顾客满意度。这些收获是他们工作的副产品。由于成果显著，所以壳牌公司开始在整个组织中推广这个项目。这说明了一些被认为是

"人力资源部的"事情（每年一次的人员调查）可以通过分析来清楚地展示与主要业务的挑战，以及与每个壳牌人所密切关心的事情的连接，从而成为一个强有力的安全改进的流程。他们努力提高领导力和敬业度，从而推动业务成果的达成。

什么是分析设计者和解读者的新趋势

壳牌的分析案例说明了成为有效的人力资源分析的助力者的主要逻辑的转变：首先关注业务，其次运用分析发现哪些人力资源投资能够帮助达成业务成果。壳牌公司的分析团队从一个明显的问题开始（安全性），然后表明安全（本身就是一个合理的结果）推动了传统的业务结果。然后通过分析，他们在因果逻辑中发现了解决安全问题的前提。他们的工作强化了人力资源分析的两个子领域。

- **获得正确的数据**：有许多类别的人力资源数据可用。通过 Dick Beatty（与壳牌公司的案例一致）的工作，我们发现了人力资源分析的四个阶段，每个阶段使用不同的数据。
    - **阶段一——人力资源计分卡**：提供基本的机构员工数据（在工作种类和人口学类别中的员工人数、绩效的历史数据等）、人力资源新举措指标（具体任务是否按时完成，是否符合要求，例如一个新的员工入职项目）。
    - **阶段二——人力资源洞见**：对现有的人力资源数据做全面的解读，通常被称为云（或大数据）分析。
    - **阶段三——人力资源干预**：发现人力资源实践的相对影响（即一种招聘、培训或者支付薪金的方式与另一种方式的比较）。
    - **阶段四——业务影响**：确定业务挑战（财务、客户或市场结果）是如何被人力资源实践影响的。

新趋势是将分析重点放在阶段四中,业务影响,然后显示在人力资源上的投资将如何影响这些成果。在壳牌公司的案例中,改善领导力能提振员工的情绪,从而达到更好的安全数据和最终的经营业绩。同样,我们看到优秀的人力资源专业人士,从明确界定重要的业务成果开始分析,通常这些业务成果与客户(例如,改进的网络促销员分数或客户份额)、投资者(现金流或市场估值)或社区(社会责任、社区声誉)有关。通过这些成果,人力资源可以展示人力资源投入是如何影响这些成果的。从阶段四开始,人力资源专业人士使用分析来提供驱动业务结果的信息。正如Dick Beatty 经常指出的那样,人力资源的计分卡最终就是业务的计分卡。

- **成为标准的倡导者:** 一旦数据被收集、分析和解读以显示对业务的影响,就可以做出选择以改进结果。在壳牌公司中,当知道领导者是员工敬业度的重要指标后,公司就可以招聘、培训、晋升、激励领导者(安全价值链的负责人)以提高员工敬业度。如果数据不能提供制定新标准的选择,那么数据相对来说就没有用了。

我们的朋友史蒂夫·科尔提醒我们,不是所有的数据都是有用的。那些不会影响业务结果的数据,就像将一个足球队中球员队服上的所有号码都加在一起,然后声称你有一个更好的团队,因为你们的数字总和更高。虽然很容易统计,但这些数字的总和与参加比赛或赢得比赛无关。有时,人力资源分析会很容易落入同样的"容易衡量"但并不相关的陷阱。招聘所用时间、招聘成本和每个员工每年的培训时间都是人力资源指标,但这些指标可能对企业业绩的影响并不大。人力资源专业人士使用分析来倡导正确的标准,塑造了能够达成结果的行为。

作为人力资源专业人士,如何成为更好的分析设计者和解读者

成为一个优秀的分析设计者和解读者,获取信息并做出更好的业务决

策，对于人力资源专业人士来说具有广阔的前景。我们的数据表明，信息管理是人力资源部应该具备的新兴能力，但是大多数人力资源专业人士作为分析设计者和解读者都没能抓住这一信息管理的机会。作为分析设计者和解读者，为了进一步提高工作水平，我们建议做到以下几点。

- **在业务挑战和人力资源投资之间建立一条基准线**：这条基准线可能来自战略地图或组织统一的流程（例如，STAR 模型、7S）。从业务挑战到人力资源的基准线帮助我们聚焦可以收集什么人力资源信息来支持业务成果。这一观点也突显了人力资源分析可以回答的业务问题。在壳牌公司的例子中，壳牌公司在员工敬业度和安全之间建立了一条基准线，效果很好。图 10-3 展示了人力资源分析设计和解读者应该使用的流程与问题。
- **学习研究方法和统计的基础知识**：人力资源工作往往是基于推测而不是证据的。为了评估某项建议或做法的可靠性和有效性，你需要寻找证据。你不必成为一个统计专家或数据学家，但你必须能自如地谈论数字和了解统计的基础知识：平均值、差异、相关性、回归、显著性和因果关系。
- **从数据中发现规律，能讲出故事**：统计和数字是静态的，但它们往往蕴含了一个个引人入胜的故事。例如，我们从零售业、金融业和酒店业的一些客户那里发现，员工敬业度得分与顾客忠诚度相关，而这又与公司的财务表现相关。我们用严格的时间序列统计验证了这一发现，并且能够发现一个相对简单的规律（如图 10-2 所示的壳牌公司模式）。然后，我们就可以讲述一个故事，说明当客户越忠诚时，财务表现会越好；当员工越敬业时，财务表现也会越好。我们可以讲述一些具体的客户体验的故事（轶事），而这些体验是由敬业的员工带给客户的，这就是用令人难忘的例子来捕捉数据。如何呈现数据成为如何使用数据的重要预测指标。
- **使用数据帮助做出和跟踪选择**：数据分析不是为了展示结果而做的，而是通过收集信息帮助做选择。不断地在公共和私人谈话中寻找证据。随着时间的推移，使用信息来追踪结果，同时用一种持续学习的心态来不断改进。

人力资源分析有着广阔的前景，它能让人力资源专业人士使用信息来改善决策。在2016年的人力资源胜任力研究中我们发现，这个新领域很可能会随着人力资源专业人士熟练程度的提高而继续提高其在个人、利益相关者和业务方面的影响力。

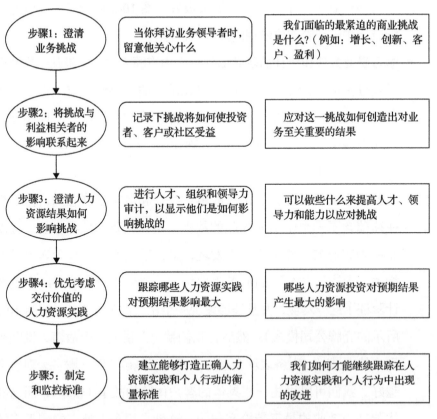

图10-3　将分析与业务联结的逻辑和流程

第三个基础推动力：技术和媒体整合者

正如在第 1 章中介绍的和在第 4 章中所确定的，技术正在极大地改变着人们的生活方式和组织的运作方式。基于技术进步的信息环境的变化速度大大影响了商业模式和人力资源实践（见第 4 章）。就像其他的组织职能一样，人力资源部一直在运用技术来简化流程、分享信息以及联结员工。人才、发展、奖励、员工参与和沟通等人力资源流程都因技术而改变。像甲骨文（与 PeopleSoft）、SAP（与 SuccessFactors）和 Workday（与 Workday 人力资本管理）这样的大型全球性公司，为业务和人力资源解决方案提供技术平台服务、工程系统和软件应用程序，数以百计的小型软件和应用公司为人力资源实践提供有针对性的技术服务。

社交媒体关注的是与计算机相关的工具，这些工具允许人们和公司在公司内部创建、共享或交换信息，甚至更多地在公司之外设定公司的边界。[3] 社交媒体为组织的人力资源实践创造了无限的透明度。六大社交网络（Pinterest、推特、脸书、Instagram、Google+ 和领英等）的用户数量合在一起超过了 24 亿人。表 10-3 说明了这些公司的专注领域和上升的规模。脸书用户数量将赶超中国人口数量。人力资源专业人士需要利用社交媒体来进行人力资源管理，例如招聘、培训、员工参与和决策。

表 10-3 社交媒体公司 [4]

公司	总体目标	专注领域	大小和规模
Pinterest	关于发现的社交网站	专注于装饰、时尚、健康、烹饪	7 000 万个活跃用户
推特	微型博客	信息限制在 140 个字以内在美国最强	2.9 亿个活跃用户，每秒 9 100 条信息
脸书	社交分享	分享各种信息84% 的求职者在脸书上分享个人资料	15 亿个月活跃用户每 20 分钟分享 100 万个链接
Instagram	图片和视频的社交分享	为个人和组织建立品牌	3 亿个活跃用户
Google+	品牌和个人用户可以构建圈子或网络	建立用户圈子或网络共享信息	3 亿个活跃用户

（续）

公司	总体目标	专注领域	大小和规模
领英	以商业为导向的社交网络	个人联系和个人/专业品牌	3.8亿个活跃用户 76%的美国公司用领英招聘

在最新的技术和社交媒体领域，很少有人力资源专业人士能与时俱进，但技术和媒体整合胜任力（在早期的研究中没有被发现）已经出现了。我们发现，在技术和媒体整合者方面的胜任力是九项胜任力的总体评分中第二低的（仅高于全面薪酬），这可能表明了这个胜任力领域相对比较新（见表2-8）。这一发现适用于男性和女性，也适用于所有地区（见表2-9和表2-10）。

表2-11显示，娴熟的人力资源技术专家没有被认为个人有效性更高，这可能意味着专门从事技术工作的人力资源专业人士与技术和媒体的脱节。在技术和媒体方面的脱节现象在一线经理身上最为明显，因为一线经理认为具有更多技术能力对于人力资源专业人士的影响是负面的。

如果我们不重新审视表2-13，这些发现可能会让那些想在技术和媒体整合方面有所改进的人力资源专业人士感到沮丧。在这张表中，虽然单独的人力资源专业人士可能不会对关键利益相关者产生很大的影响，但是人力资源专业人士作为一个整体是可以的。换句话说，重要的是人力资源部的实践和流程要想有效，作为一个整体的人力资源专业人士需要表现出技术和媒体整合的能力，特别是在服务外部客户、投资者和直线经理的时候。

此外，表2-13显示出技术和媒体整合的集体胜任力在达成业务成果方面是第二高分数（仅次于矛盾疏导者）。因此，即使人力资源专业人士个人不具备整合技术和媒体的能力，人力资源团队也应该确保具有这种能力。我们还发现（见表10-4）相比依赖组织外部的社交媒体，人力资源专业人士更擅长运用内部技术，他们其实需要两者兼顾。随着这项研究的进展，我们预期这项能力在交付成果方面的重要性可能会增加。

表 10-4　不同评估组给技术和媒体整合领域的平均分

技术和媒体整合者				
	所有人的评估	自我评估	经理评估	人力资源同事评估	非人力资源同事评估
利用社交媒体	3.71	3.48	3.57	3.72	3.77
整合技术	4.03	3.99	3.91	4.03	4.06

技术和媒体整合者实例：联合利华

2009 年，保罗·波尔曼成为联合利华首席执行官。对于这家有着 100 多年历史的公司来说，他是一个曾在宝洁公司（27 年）和雀巢（3 年）工作过的外来人。他设立了一个雄心勃勃的目标，即将公司规模（收入）扩大一倍，同时将生产和使用其产品对环境的破坏减半。社会责任作为重点被纳入了可持续生活计划中。该计划对联合利华如何使用原材料以及消费者如何看待其品牌都有影响。2009～2015 年，公司取得了非常喜人的业绩，而且是在同行业的大多数竞争对手都表现平平的情况下。

- 收入从 400 亿英镑增加到 530 亿英镑（增加了 32%）。
- 营业利润从 50 亿英镑增加 75 亿英镑（增长了 50%）；每股收益从 1.16 增长到 1.72（增长了 48%）。
- 员工人均收入（生产力）从 237 英镑增加到 312 英镑。
- 员工敬业度（78%）和自豪感（92%～94%）保持在高水平。
- 能源中二氧化碳的排放量（千克/吨产量）从 142.66 减少到 88.49（减少了 38%）。
- 废物总排放量（千克/吨产量）从 6.52 降到了 0.26。
- 市值从 634 亿英镑增加到 1134 亿英镑（增加了 80%）。

这些卓越的业务成果要归功于其在战略上聚焦的四大核心类别（个人护理、食品、家庭护理和饮食策划），推动各个类别的创新，有效地管理资本，并建立一个能驱动成功的文化和人才库。

人力资源部在这一成功中发挥了关键作用。道格·贝利（Doug Baille），一位资深的业务领导者，有着 30 年的工作经验，2011～2015 年担任联合利华的首席人才官。在他上任后，联合利华人力资源部的首要任务是专注于实现商业目标。道格·贝利认为他的挑战是为组织提供合适的人才、包容的文化和领导力以实现 CEO 负责的增长计划。2016 年，Leena Nair 成为新一任首席人才官，她通过发现、培养和激励那些能够推动与实现业务转型的人才，继续推动公司的业绩。

人力资源部这些愿望的核心是他们在技术和社交媒体两方面的努力。通过联合利华的实验和标准化，技术可以快速地提高其敏捷性。因此，联合利华向各地领导者下放权力，以比当地竞争对手更快的速度应对当地的趋势。

为了管理本地实验与全球各地优势，人力资源部利用技术快速从一个地区向另一个地区分享信息。有了 Workday 作为技术合作伙伴，他们正在利用技术来完成以下工作。

- 在全球范围内将业务流程标准化，精简操作，降低复杂性，提高整个公司的效率和生产力。
- 授权员工通过自助服务来执行交易，获取信息，并可以在任何移动设备上采取行动。
- 进行实时可操作的分析来帮助做出招聘和采购的决策，如成本、当前的和项目的能力，以及跨不同地域和业务结构的能力差距。
- 深入了解其员工队伍，使管理人员能够更好地考核绩效，识别顶尖人才，并将技能与角色相配合。

此外，社会责任计划已经成为社交媒体工作的重要组成部分。联合利华一直致力于将其外部品牌从一个专注于单个产品（他们每天有超过 400

个品牌被超过 20 亿人使用）转移到"为生活创造品牌"的营销策略之一，然后将其转化为一种关注个人的包容性文化。活跃在社交媒体上也有助于联合利华人力资源专业人士在他们被要求这么做之前预测消费者和市场的变化。

什么是技术和社交媒体整合者的新趋势

第 4 章介绍了信息的环境背景，讲述了信息的速度、普遍性、扩展范围（物联网）和信息模式。这种背景决定了人力资源技术和社交媒体的趋势。联合利华人力资源顺应了这种趋势，帮助公司实现了财务和社会责任目标。那些认识到和顺应技术和社交媒体趋势的人力资源专业人士将会提高他们的个人有效性和业务影响力。

1. 不断变化的技术趋势

人力资源信息系统已经存在有一段时间了[6]，但在最近几年，这些系统正在经历四个阶段的变化：

第一阶段，人力资源技术被用于更有效地设计和交付人力资源实践。通过自助服务门户，员工负责获取和整合人力资源解决方案。移动应用和游戏化等人力资源技术也有助于在人员配置、开发、奖励和参与方面的创新。

第二阶段，人力资源技术推动了信息的透明与分享。通过大数据或云数据，员工技能成为公共信息，公司可以在候选人没有申请工作的情况下接触他们。例如，有技术支持的培训可以将培训的规模和范围扩大到一大批员工。

第三阶段，人力资源技术通过让更多的人参与决策和促进协作来鼓励相互联结。例如，国家保险公司约 36 000 名员工都活跃在其内部社交平台上，这使员工更容易找到问题专家，一举解决业务问题，而不用发送大量电子邮件或通过硬盘进行搜索。这种协作的一部分来自众包，这允许企业将一些任务外包给企业外的人员。Salesforce.com 使用 LiveOps "云联络中心"提供全球客户支持服务，其中涉及在家工作的和可以自己设定工作时间的承包者。该平台跟踪他们的表现并奖励高绩效者，给高绩效者更多的认可、更多的业务和更高的薪酬，并允许他们对工作有个性化要求。

最后，在第四阶段，人力资源技术转变为体验经济，员工和客户不仅需要信息，而且有机会从技术连接中创建情感体验。体验经济是塑造个人生活方式的趋势之一，体现在技术架构选择和组织流程中。员工寻找的往往不是工作，甚至不是职业，而是能提高他们的个人存在感和幸福感的工作体验（或者说是内心的召唤）。领导者更多的是从体验式培训中学习，而不是在课堂上学习。技术拓展了获取体验的途径，并通过分享而扩大了体验。

2. 不断变化的社交媒体趋势

本书的其中一位作者是一位熟悉社交媒体工具的千禧一代。他的见解是，利用好社交媒体不仅仅是会上脸书、领英和推特上发表文章，或者通过 Instagram 分享。访问或浏览社交媒体网站不会帮助人力资源专业人士（或其他人）实现更多的价值。将四个阶段的新技术趋势逻辑应用于社交媒体，能让人力资源专业人士了解到如何从社交媒体的工作中创造价值。

首先，社交媒体更有效地将员工与组织之外的人联系起来。一家社交媒体公司 CareerArc 发现，75% 的求职者在申请工作之前会考虑雇主的品牌，62% 的求职者访问社交媒体渠道来评估雇主品牌，91% 的求职者认为管理不善或设计不当的网站破坏了雇主品牌。

其次，社交媒体使得市场信息更加透明。社交媒体网站将用适合的方式把正确的信息传递给正确的人。一些公司雇用了一些人来监控社交媒体网站上对公司的评论，并对评论做出回应。在社交媒体网站上，员工分享他们的经历，将公司的员工价值主张描绘给潜在的员工。社交媒体网站允许内部人员分享他们的经验，并让外部人员了解到公司内部的真实情况。

公司的产品、服务、工作条件等方面有时会受到评论者偏好的影响，评论时往往会涉及整体主题以及公司运营状况。

再次，社交媒体网站在许多群体之间建立了联系。社交媒体使网络能够快速形成对新产品或新服务进行评估的焦点。像 Glassdoor.com 这样的网站提供的即时反馈可以帮助公司领导者了解他们的组织。领英或 Google+ 通过即时用户建议和意见来帮助重新设计产品。脸书上发布的关于员工体验的云数据，或者领英（或者其他求职网站，如 Monster.com）上员工发布的大量信息，可能是员工不满的早期预警信号。

最后，社交媒体网站可以塑造一种外部体验，即声誉和品牌。当顾客在 Instagram 和其他地方发布一家公司的产品或服务体验时，公司可以识别自己为顾客提供的体验。通用电气"被通用电气聘用"的社交媒体闪电战显示了通用电气如何将其品牌从制造型企业重新定义为创新型的科技公司。

随着人力资源专业人士对这些不断变化的技术和社交媒体趋势的了解，他们能够更好地提出见解，为关键利益相关者和业务成果提供价值。

作为人力资源专业人士，如何成为更好的技术和社交媒体整合者

一个技术和社交媒体整合者的改进可能来自以下一些小技巧。

- **认识和学习技术与社交媒体的基本技能**：这些技能包括获取电子信息，过滤过量的信息，通过搜索和查询来辅助学习（我们称之为指尖学习），能用开放的心态接受大家的智慧和他人的评论，利用信息，做出基于证据的决定，将信息可视化以便说明问题等。
- **记住技术和社交媒体能力（前一点所列出的）离开了使用技术洞见的软性技能，将失去活力**：世界经济论坛确定了 2020 年员工的关键技能，包括复杂问题的解决、批判性思维、创造性思维和创造

力，配合以其他更软的技能，包括情商、判断和决策、认知灵活性等。将两套技能结合起来，有助于你将技术的洞见转化为有影响力的行动。

- **评估新兴的技术和社交媒体工具：** 我们发现，跟上 App 的创新步伐几乎是不可能的（人们发布的最新、最大的社交媒体工具，如 Canva、Buffer、Brand24、Edgar、Bundle Post 等），这些工具越来越多地通过移动连接来实现协作。至少要注意到你用的 Outlook Express 电子邮件可能不是最新的工具之一。一个提示是要了解你的员工（通常是年轻员工）正在使用的技术和社交媒体网站。可以将这些网站作为信息站，你可以在他们的观点形成之前，洞悉他们的态度。尝试使用那些网站来分享信息——公司的方向和个人的成功。
- **了解你发布在社交媒体上的信息的公共目标受众（例如潜在的员工、客户、监管机构、社区领导者），然后为他们定制信息：** 确保将这些信息发布在能被看到的论坛上。
- **创建一个你想被别人记住的个人品牌，并与社会媒体网站一起尝试推广这个品牌。** 当你要建立公司品牌时，这种个人经验可能会有用。

正如我们的数据和经验所显示的，技术和媒体整合能力会变得更加重要。目前，利益相关者期望"人力资源部"具备这些技能。随着时间的推移，我们相信人力资源专业人士应该可以在这些领域发挥更强的个人能力。

结论：基础推动力

人力资源专业人士为了提高个人有效性，为利益相关者提供服务，并驱动业务目标的达成，需要成为合规经理、分析设计者和解读者以及技术与媒体整合者。我们希望本章提供的辅导技巧有助于致力于成为人力资源专业人士的人在这些基础胜任力领域取得进步。

VICTORY THROUGH ORGANIZATION

第四部分

接下来会如何

第 11 章

现在该怎么办

为了便于总结，我们通常会用以下三个问题来帮客户想清楚何为问题和挑战：**发生了什么？意味着什么？现在该怎么办？** 我们已经在第 1～10 章中讨论了其中的两个问题。在此书结束之际，我们将回答第三个问题：现在该怎么办？

发生了什么和意味着什么（简要回顾）

为帮助大家快速回顾，我们在此先总结概括前两个问题的答案。

发生了什么

世界在变化中，正如第 1 章所描述的四大力量所显示的 STEPED 模型、VUCA、利益相关者的期待、职场现在的个人环境等。很多人意识到了社会和经济环境的变化（STEPED 模型）以及变革的步伐（VUCA）。我们的利益相关者坐标图表明利益相关者的期待发生了变化（比如，客户担心客户份额，投资者考虑的是领导力资本），还有 6 个"I"观点所反映的外部环境如何影响了人和员工，这些观点为管理人力资本面临的挑战提供了条理清楚的分析。受四大力量变化的影响，人力资源个体从业人士和部门在三大前沿领域方面的期待也在提高：个人有效性、利益相关者产出和业务结果。我们相信四大力量涵盖了在人力资源方面的日益增长的需求和机会。

意味着什么

我们在第七轮 HRCS 的研究中将继续为业务及人力资源领导者提供信息，帮助他们更好地做出人力资源方面的决策，从而进行人力资源部的转型，提升人力资源专业人士的能力，以及重塑这个行业。在这些研究中，根据我们的经验，我们将关注点放在了围绕这两大领域的发现上：组织和个人。

1. 组织层面的发现

第 3～5 章阐述了组织比个人胜任力更重要的原因、发现及其意义，并说明了如何提升组织层面的工作，尤其是在信息管理方面。以下是具体的相关要点。

人力资源部作为一个整体，对业务结果的影响是人力资源从业者个体的三四倍（见表 2-14）。这是一个极其重要的发现，它动摇了几十年来关于"我喜欢我的人力资源同事，但是不喜欢这个部门"的老观念。虽然过去有人谈到了组织的重要性，这项研究却从超过 1200 个组织那儿得到了实证的数据，证实了在预测业务和利益相关者结果方面，组织比个人重要得多。

从更广义的层面来看，如果这个结论对人力资源来说是真实的，那么在通常情况下它对于组织也应该是真实的，因此有了本书书名：赢在组织。它为不断提升的对组织能力的关注提供了实证方面的依据，这些能力包括对外部的感知、速度/灵活度、创新、客户反应度以及责任感等（见图 3-1）。它还进一步验证了管理层对文化的日益关注。

这些发现引发了"人才战"的思考，这一直是人力资源从业者的一个困扰，也是那些不断在使用传统人力资源工作方法人士的核心出发点。于是我们有了此书的副标题：从人才争夺到组织发展。数据显示，"人才战"正朝着"组织制"方向演变，这对于业务领导者和人力资源专业人士有着极其重要的意义。第 3 章列举了为什么组织至关重要，以及如何将组织看作一系列能力而不是层次等级的依据。

高效的人力资源部管理信息：我们关于信息对于人力资源成功的重要性的发现，引出了关于人力资源分析、计分卡、仪表盘、在证据基础上做决策的一系列讨论，并将讨论引入了更加具有业务导向的路径。管理信息不是说要做人力资源的分析，而是关于如何找到信息来帮助企业更好地赢得竞争。五步法（见图 4-1）描述了如何将外部信息引入组织内，为业务和人力资源领导者提供具体的工具，以提升其信息管理能力。

高效的人力资源部提供整合的人力资源解决方案：信息管理能力能够帮助人力资源部给利益相关者带来最大的价值，同时，当人力资源的工作能够提供整合的方案时，特别是为组织内部的相关利益者这么做时，都会产生很多好的结果。这意味着互相独立的人力资源工作需要演变成一个整合的方案，这样的人力资源系统比单独的人力资源工作产生了更大的影响。这样就避免了聘用具备技能 A、B 或 C 的员工，又去培训技能 D、E 和 F，奖励技能 G、H 和 I，整合的人力资源方案使招聘、培训和薪酬等各项工作成为一个系统，以解决问题。

研究结果表明，当业务和人力资源领导者考虑为了成功而应该在何处投资时，他们应该更多地开始关注在组织上的投资。

2. 个人层面的发现

第 6 ~ 8 章列举了人力资源胜任力中的核心驱动力（值得信赖的行动派、战略定位者和矛盾疏导者）的意义。第 9 章和第 10 章回顾了战略推动力和基础推动力方面的胜任力。总的来说，这些章节为人力资源从业者如何在个人层面更加高效以及如何为利益相关者及业务创造价值提供了思路和工具。在这五个关于人力资源个体胜任力的章节中,有一些发现值得再强调。

- 矛盾疏导者是人力资源胜任力中对业务表现影响最大的一项,所以它处于贯穿全书(见图 2-3)的人力资源胜任力模型的中心。很多人都谈论过矛盾这个概念,这次通过对 1200 多家企业的研究,得到的实证进一步确立了矛盾疏导者处于人力资源(可能还包括其他的)有效领导力行为模型的中心地位。当人力资源专业人士能够疏导组织的矛盾时,他们就能够帮助企业创造所需的灵活应变能力,来应对变化的商业环境。
- 值得信赖的行动派这项胜任力进一步为人力资源从业者打开了进行业务对话的途径。成为值得信赖的行动派是人力资源专业人士的一张入场券,它在影响一线经理和员工方面格外有用。
- 战略定位者这项胜任力对于客户和投资者起着主要的影响作用。人力资源专业人士通过成为战略定位者来为这些关键的外部利益相关者创造价值。
- 文化和变革倡导者这个角色非常重要,但现在这项胜任力更主要地体现在人力资源专业人士个体身上,而不是融入人力资源部的各项工作。
- 技术和媒体整合者这项胜任力同样也对业务产生了影响,但更多地被视为人力资源部而不是个人方面的胜任力。

这些在九大人力资源胜任力领域的发现可以帮助界定、评估和提高人力资源专业人士的能力。

现在该怎么办

在整本书中,我们分析了研究工作和经验中所包含的机会,并提供了工具、方法和行动。例如，第 3 章中的组织能力评估方案能帮助确认对于业务成功最重要的能力是哪些；第 5 章的人力资源部工具箱能帮助建立人力资源部的卓越度，并在九大人力资源胜任力领域中的每一项之下都给出了许多行动方案，具体为人力资源专业人士应该成为什么、知道什么以及做什么才能更高效地提供指导。

在这个总结性章节中，针对业务领导者、高级人力资源领导者、志向高远的人力资源专业人士以及人力资源行业整体，分别谈谈"现在该怎么办"。

针对业务领导者的"现在该怎么办"

在本书开篇就提出人力资源不是关于人力资源的，（最重要的是）而是关于业务的。业务领导者不是人力资源专业人士，但是业务领导者的成功需要来自对人力资源的见地。我们大约有 50% 的时间是和业务领导者在一起工作的。我们鼓励业务领导者在以下方面让自己更加高效。

- **致力于组织的全面胜利**：最让人震惊的发现之一就是在对于业务结果的影响上，组织影响力的重要性是个人的四倍。我们相信这项人力资源方面的发现同样也适用于更广泛的组织层面。当业务领导者关注组织模式时，他们会建立合适的组织文化（比如将需要在客户心目中树立的形象真实地展现在员工面前），鼓励组织范围内的能力盘点（如第 3 章所描述的），强调文化和能力的重要性，衡量和报告文化表现，帮助管理将外部信息转化为内部行动，这样他们便会成为组织中的倡导者。人力资源个体从业者若想成为倡导者，需要确保整个组织比其中的任何个人都要更强。也就是说，整体大于部分的总和。

- **让人力资源部做人力资源的事**：很多业务领导者有着卓越的才能和

组织方面的直觉，从而成为出色的组织倡导者。但好的人力资源部可不是仅仅靠直觉来做管理的，而是在一系列经研究认证了的想法之上设计严谨的人力资源工作内容。作为业务领导者，不要过多追究或迷失在人力资源工作内容的细节上，而要关注人力资源的结果：人才（员工的胜任力和承诺）、领导力（带领组织全面地为利益相关者创造价值的领导能力）以及组织（赢得市场所需具备的能力和文化）。

- **向你的人力资源部要品质**：一家有着百年历史的老牌公司已经有15年没有找到经验丰富的首席人力资源官了。当它的首席执行官意识到这个专业上的缺失之后，聘任了一位很棒的首席人力资源官。她立刻开始将严谨的人力资源规则引入人才管理和组织工作中。比如，在她上任前，潜在的领导者可以自己选择在顶尖大学参加外部培训课程，但她实施了一套人才管理系统，为每位潜在的领导者制订个人的发展计划，展示了大学培训课程如何能够被匹配到整体的发展计划中。她将高品质但相对孤立的人力资源工作整合为围绕着人才、领导力和绩效文化的整体方案。业务领导者应该要求人力资源部有清晰的目标和产出，创造可以衡量的商业价值，为业务问题提供整合的人力资源方案，为业务讨论带来有分量的信息，以及高度专业化的日常运作。

- **升级你的人力资源专业水平**：传统上讲，人力资源侧重于强化行政流程，这并不需要太多的人力资源技能的广度和深度。如今，顶级的人力资源专业人士和顶级的业务领导者都有着同样的领导力背景。业务领导者应该要求他们的人力资源专业人士是卓越的和有责任感的。人力资源的标准已经被这个要求精准定义了，九大人力资源胜任力领域，以及它们在创造价值上的相对重要性，已经成为卓越人力资源的指引。

- **以身作则**：显然，业务领导者能够做的最重要的人力资源工作就是在人才管理和组织工作上成为楷模。我们在辅导领导者时，会提醒他们的领导力存在两面性，以及由此造成混乱和怀疑的风险。一个业务领导者曾经说过："我要求我的经理能够做到参与式管理。"可是这样还不够！你必须在参与中成为楷模，以身作则。我们最喜欢的一句名言是美第奇的圣方济所言的："我们传布福音，有时是用语言。"作为一名领导者，你通常以自己的意图来评判自己，但其他人则是用你的行为来评判你。要点是让你的人力资源领导者观察你的行为，并指导你如何以身作则。我们发现以领导力闻名的公司的高层领导者，会花大约 20% 的时间来培养领导力（以及人才和组织工作）。在会议和实地走访中，问一些与人才和组织相关的问题，将人力资源的思路融入公开的或私下的谈话中，积极地参与人力资源的工作（比如，出席培训活动、第一个参加领导力 360 度测评，并分享你的结果）。

针对高级人力资源领导者的"现在该怎么办"

资深人力资源领导者是人才、领导力和能力的设计师。正如我们的研究所论证的，他们为外部和内部利益相关者带来价值，帮助达成业务结果。我们列举了一系列优秀的资深人力资源管理者如何展现九大胜任力的事例。当我们辅导首席人力资源官和其他高级人力资源领导者时，提出了以下建议。

- **以身作则**：正如业务领导者需要成为表率，资深人力资源领导者也需要亲身实践自己所倡导的事情。除了简单地告诉其他领导者要通过培训来提高员工素质，对绩效实行有原则的责任感，并且设立和达成目标，资深人力资源领导者还需要为优秀的人力资源人士做表率。人力资源为自身增加了可信赖度。人力资源部应该成为招聘、培训、奖励、沟通和组织工作的楷模。

- **通过信息管理建立强有力的人力资源部**：此书要传达的一个最主要的信息，就是在组织范围内，人才战需要通过组织来获得胜利。人力资源部需要比其他的员工更出色。我们的研究再次印证了信息就是力量的观念，不过需要补充说明的是，这只有在信息能够对业务决策产生影响时才能实现。要时刻准备好，展示在人力资源方面的投资对所预期的业务成果的影响。

- **鼓励人力资源内部的协作**：人力资源部内部的专业人士要学习一起工作。有一种离心力总将人力资源分割成独立的专业领域（比如，薪酬专家有自己的世界薪酬协会，组织设计者有其组织设计的研讨会，学习专家则参加人才发展委员会（如 ASTD），等等）。虽然深厚的专业知识对发现新的思路很有帮助，但我们发现通过整合的解决方案能对解决业务问题产生更大的影响，比如人才招聘、培训、发展和薪酬不应该独立运作。资深人力资源领导者应该鼓励一种向心力，来将各个领域的专业的与独特的见解整合在一起，共同解决业务问题。整合的人力资源方案比孤立的人力资源方案重要得多。

- **搭建人力资源与其他部门的桥梁**：能够相互渗透的边界不仅仅应该存在于人力资源部中，还应该存在于其他不同的业务部门之间。人力资源部需要学习与不同的部门合作。通过与市场部协作，人力资源可以了解客户和行业走向，确保客户指标能够促进文化、领导力品牌以及其他人力资源投资；对市场的洞察还可以帮助人力资源部建立人力资源、公司和员工的良好形象，从而让人力资源部与众不同。与财务部的协作可以帮助管理现金流（收入和成本两部分），创造有市场价值的无形资产。人力资源可以帮助塑造投资者感兴趣的领导力资本指数。和 IT 部门的合作可以保证外部信息流与内部系统的无缝对接，并产生相应的作用。

针对有志向的人力资源专业人士的"现在该怎么办"

我们辅导和培训过成千上万名新晋的或资深的人力资源专业人士。在这些辅导和培训中，我们为有抱负的人力资源专业人士提供了具体的能帮助他们更加高效工作的建议。以下指南借鉴了本书中的研究成果。

了解自己：转变和提升终将是由内而外的。如果你自己不规划自己的未来，那么就由别人替你规划，只不过这个规划是对他们有利的，而不是对你有利的。认真考虑自己的专业热情、兴趣和优势，不要做让自己感觉不舒服的事或超出能力范围的事，那样做就好像是在沙丘上跑步。通过图 2-3 所示的九大胜任力模型来反思自己的专业身份、技能和机会点。当你发现了自己的优势时，你就能够创造个人的领导力品牌——那些和你接触的人会因为这个品牌或风格而了解你。在某种程度上，你的品牌也展示了你可以为他人助力的优势。你可以观察一下，自己在每个胜任力领域中是否感到了力量；你也可以做一个 360 度反馈来看看自己做得如何。RBL 集团就提供了这样的 360 度反馈服务。

管理你的职业生涯：人力资源职业有不同的路径。你也许是一位人力资源专家（比如在薪酬、学习或组织发展领域），你也许是一位人力资源通才（比如在某个业务单元、地点或部门工作），你也许会跳出人力资源圈子去做点什么（比如做一线经理，转到其他部门，或者从事公司外部的咨询工作），或者你可以混搭这些选项，都尝试一下。不管怎样，我们相信我们所发现的人力资源胜任力是个人有效性、服务利益相关者，以及达成业务结果的关键。要知道自己在职业生涯中要做什么，否则别人会为你代劳。

有职业上的抱负，但依然要审时度势并保持灵活度。很多时候，机会是在参与各种项目和短期任务中产生的。要愿意承担职业上的风险，有时在工作中，有时在工作之外，培养和学习新的能力。尽力拓展自己，你的潜能是超乎自己想象的。

投资自己：成为你自己的人力资源管理者！医生常常是自己最糟糕的病人，这一点真的很有讽刺性，也让人感到悲伤。律师自己代表自己时，也是很愚蠢的律师。牧师的孩子常常缺乏道德感。人力资源专业人士则通常不做自己的人力资源工作。他们也需要对自我发展进行投资。他们应该通过做一做用于此次研究的人力资源"360度审计"来寻求关于技能的反馈（www.rbl.net）。参加密歇根大学罗斯管理学院的高级人力资源管理项目（AHREP），来让想法成为行动。留出个人学习时间，参加适合自己的学习活动（散步、阅读、观察、写作、去新的地方旅行、冥想或休息等）。个人自我充电的学术休假不需要做很大的承诺，可以是让自己每天拓展思路，提升能量的日常功课。

培养社交圈：工作内外都要与杰出的人为伴。社交圈通过建立关系给予人际支持，通过发现新观点来获取知识，通过分享个人情感以建立信任，通过分享价值观来达成目标。建立良好的人际关系意味着与他人互相呼应，为他人的成功欢庆，有意识地用善意来对待他人，愿意也能够道歉并忘记不愉快的事，愿意花时间在对于自己最重要的人身上。有人说"物以类聚"，社交圈是维持联系的重要来源。

如果你要聘用为你工作的人，就要找那些比你更出色的人。多项研究表明，处于一个开放的社交圈是事业成功最好的预测指标。找到合适的导师圈子至关重要，他们给你的非正式建议和指引是特别有价值的。

充实情感储备：你的情感健康度经常能预测你的身体能量状况和心智的完好程度。情感健康，就是了解和接纳自己，享受日常生活的快乐，专注于生命中正确的而不是错误的事情上,展望未来并关注当下,留意一个活动的过程,并依照内心最深处的价值观来生活。

保持好奇和"学习敏锐度"：拥有成长性心态的人相信,只要努力就能进步。即使在智商上不占上风,他们也比那些拥有定式思维的人表现得更好,因为他们接受挑战,将其视作学习新知识的机会。有无数成功人士的事例表明,如果认同了无助的情绪,那么他们就永远不会取得现在的成就：华特·迪士尼被《堪萨斯城星报》开除,因为他"缺乏想象力和好点子";奥普拉在巴尔的摩从电视主持人的位置上被解雇,因为她"投入了太多的情感到其故事中";亨利·福特在福特汽车成功之前有两家失败的汽车公司;斯皮尔伯格被南加利福尼亚大学的电影艺术学院拒绝过好多次。想象一下,如果以上这些人有着定式思维,那么会发生什么事呢?他们会屈从于这些评判从而放弃希望。拥有成长性心态的人不会感到无助,他们知道要想成功,需要狠狠地跌倒,然后再站起来。

本书的作者团队有一项个人原则：每过 2.5～3 年时间,教案中必须有 20%～25% 的新内容。对于学习敏锐度而言,这是一个很高的标准。对于人力资源专业人士来说,这意味着突破你的舒适区,承担新的任务,观察做事情的新方法,进行尝试,不断改进,看哪些行得通、哪些行不通,最主要的是,保持学习的心态。

针对人力资源行业的"现在该怎么办"

人力资源行业是充满活力、持续演变的。全世界现有超过 150 万名人力资源从业人员。目前,世界人事管理协会联合会(WFPMA)在超过 90 个国家有分支机构,代表着超过 60 万名人力资源专业人士。人力资源领导者被邀请加入董事局。人力资源从业者的薪酬通常与其他部门持平甚至更高。人力资源从业者不再仅仅满足于坐在会议桌前讨论业务,而是要为这些讨论带去真正的价值。我们希望我们的研究为这个行业增加更多的专业度。

行业卓越度的准则

我们在人力资源胜任力的研究中，遵循了体现人力资源专业发展的四个原则。

协作：在这轮研究中，我们和22家领先的人力资源机构合作。通过这种合作伙伴关系，我们相信自己可以使人力资源行业变得更好。这些机构中有不少人在搭建自己的人力资源胜任力模型，但他们都愿意联合起来进行这项基础研究工作，为整个行业提供信息。

创新：尽管我们已经做了七轮人力资源胜任力研究，但我们依然提醒自己要继续着眼于未来。当我们不再关注那些答疑类的信息（传统的可以预见的分析），而更多关注解答接下来做什么（寻求对新问题的答案）时，人力资源行业的未来就会更加强大。通过对未来的憧憬，而不是陷入无聊和无休止的关于曾经做过什么的讨论，人力资源行业就能继续活力永驻。

应用：如果能将注意力放到应用上，理论、研究和实践之间的差距就会缩小。应用意味着由某种现象产生理论，然后不断付诸行动以找到理论上可行的且可以复制的解决方案。研究不只是漂亮的统计数据，而是产生关于使数据有影响力的见地。实践不只是解决一个特定的案例或情形，而是建立持久的准则（理论）。我们希望我们的工作体现了这种良性循环。

全球化：很高兴我们能拿到世界各地很多地区的数据（非洲、亚洲、澳大利亚、中国、印度、日本、拉丁美洲、中东、北美和南美）。虽然人力资源的通用原则也许在世界各地都差不多，但来自世界各地的人力资源思想需要被分享。人力资源行业早已不再是某个市场的思想可以强加到他人之上的帝国时代了。当我们进行全球范围内的分享时，我们发现世界各地都有先进的、可以被复制的人力资源理念和方法。

我们希望我们的工作能够持续塑造个人目标让位于更大利益的人力资源行业。不同的人一起工作，产生协同作用并互相依赖。我们憧憬在这个行业里，在致力于推动进步的更广阔的背景之下，新的思维能够诞生，实践接踵而来，辩论也会发生。我们祈愿人力资源行业能够演化到一种更高的境界，组织内的员工以及组织外的客户、投资者和社区都能受益于卓越的人力资源工作并从中有所收获。

关于认证

每个行业都有标准并通常以认证的形式体现出来。胜任力达到了一定程度才有认证。认证显然已经成为全世界人力资源协会的一个主要话题。

在不同的职业生涯阶段中，认证显然有着不同的含义。对刚刚入行的人力资源人员而言，认证就像拿到执照一样，说明他们有能力开始工作了（如同律师通过执业考试，或者心理分析师拿到证书一样）。但是在这个以实践为主的行业中，拥有执照并不能保证拥有品质。这里所说的熟练技能认证显示了人力资源专业人士能够完成所赋予的工作的质量，它由人力资源管理协会（SHRM）提出并经由情景判断测试认证⊖。

对专业人士的技能熟练程度测评还可以通过一系列测评模块进行，在这些测评中，人力资源胜任力被放在不同的背景之下（公司规模、人力资源的水平、人力资源的角色、相关经验、商业战略、组织文化等）进行检验。印度的全国人力资源发展联盟（NHRDN）所进行的胜任力研究，形成了印度全国范围内的人力资源胜任力模型（HRSCAPE），其中包含八项职能胜任力，每项胜任力又分为四个等级（基础、胜任、高级和专家）。符合专家级别的胜任力意味着某人是一名"研究员"，或是在职业生涯中已经达到了非常资深的阶段。澳大利亚人力资源协会根据职业水平来界定

⊖ 情景判断测试可以很恰当地被总结为赋予个体能够从事某个具体工作的信心的一种方法。SHRM运用情景判断法来选拔工作人选，以及界定人的全面能力。

不同的胜任力，并为资深的、高端的人力资源领导者做大师级别的认证。

回答"我应该成为什么，知道什么以及做什么才能发展成一个高效的人力资源专业人士"，比询问人力资源专业人士怎么想的更重要。它需要世界各地人力资源专业协会的合作，专注于人力资源技能所能产生的结果，让胜任力符合现在和未来的商业环境，根据具体绩效调整能力，并找到对于利益相关者和业绩表现最重要的胜任力。

现在该怎么办（结束语）

1987年，开始人力资源胜任力研究时，我们以为这是一次跨部门的让人力资源专业人士更有效学习的研究。经过30年的七轮研究，我们意识到我们想要帮助人力资源增值的愿望不是一次性的活动，而是一个长期的过程。

第七轮研究中的数据收集工作是目前为止最复杂的。在本书中，我们只涉及了这次研究中30%～40%的内容。关于人力资源组织在组织能力、业务战略、组织文化和人力资源专业人士技能等方面更高效的表现，我们还有很多经过提炼的数据。接下来，我们希望能找出更加精确的数据，来进一步了解人力资源如何实现价值。

我们的初心始终未变。我们希望向人力资源专业人士和人力资源部提供信息，并充分发挥他们的潜能。永远不要忘记人力资源不仅仅是关于人力资源的，还是关于如何为业务创造真正的价值的。

参 考 文 献

第 2 章

1. The following books report on our prior studies:
   Dave Ulrich, Bill Schiemann, and Libby Sartain (editors). 2015. *The Rise of HR: Wisdom from 73 Thought Leaders*. E-book distributed by Human Resource Certification Institute (HRCI).
   Dave Ulrich, Jon Younger, Wayne Brockbank, and Michael Ulrich. 2012. *HR from the Outside In: Six Competencies for the Future of Human Resources*. McGraw-Hill Publishing Company.
   Dave Ulrich, Wayne Brockbank, Jon Younger, and Michael Ulrich. 2012. *Global HR Competencies: Mastering Competitive Value from the Outside In*. McGraw-Hill Publishing Company.
   Dave Ulrich, Justin Allen, Wayne Brockbank, Jon Younger, and Mark Nyman. 2009. *HR Transformation: Building Human Resources from the Outside In*. McGraw-Hill Publishing Company.
   Dave Ulrich, Wayne Brockbank, Dani Johnson, Kurt Sandholtz, and Jon Younger. 2008. *HR Competencies: Mastery at the Intersection of People and Business*. Society for Human Resource Management (SHRM).
   Dave Ulrich and Wayne Brockbank. 2005. *The HR Value Proposition*. McGraw-Hill Publishing Company.
2. The following books outline our prior work in this area:
   Patrick Wright, Dave Ulrich, Elizabeth Sartain, Richard Antoine (editors). 2016. *View from the Top: Leveraging Human and Organization Capital to Deliver Value*. Washington, DC: SHRM.
   Dave Ulrich, Jon Younger, Wayne Brockbank, and Michael Ulrich. 2012. *HR from the Outside In: Six Competencies for the Future of Human Resources*. McGraw-Hill Publishing Company.
   Dave Ulrich, Wayne Brockbank, Jon Younger, and Michael Ulrich.

2012. *Global HR Competencies: Mastering Competitive Value from the Outside In*. McGraw-Hill Publishing Company.

Dave Ulrich, Justin Allen, Wayne Brockbank, Jon Younger, and Mark Nyman. 2009. *HR Transformation: Building Human Resources from the Outside In*. McGraw-Hill Publishing Company.

Dave Ulrich, Wayne Brockbank, Dani Johnson, Kurt Sandholtz, and Jon Younger. 2008. *HR Competencies: Mastery at the Intersection of People and Business*. SHRM.

John Storey, Patrick Wright, and Dave Ulrich. 2008. *The Routledge Companion to Strategic Human Resource Management*. Routledge.

Dave Ulrich and Wayne Brockbank. 2005. *The HR Value Proposition*. McGraw-Hill Publishing Company.

Mike Losey, Sue Meisinger, and Dave Ulrich. 2005. *The Future of Human Resource Management: 64 Thought Leaders Explore the Critical HR Issues for Today and Tomorrow*. New York: Wiley.

Edward Lawler, Dave Ulrich, Jac Fitzenz, James Madden, and Regina Marcua. 2004. *Human Resources Business Process Outsourcing: Transforming How HR Work Gets Done*. San Francisco: Jossey-Bass.

Brian Becker, Mark Huselid, and Dave Ulrich. 2001. *The HR Scorecard: Linking People, Strategy, and Performance*. Boston: Harvard Business Press.

Dave Ulrich. 1998. *Delivering Results: A New Mandate for Human Resources Professionals*. Boston: Harvard Business Press.

Dave Ulrich. 1997. *Human Resource Champions: The Next Agenda for Adding Value and Delivering Results*. Cambridge, MA: Harvard Business Press.

3. The summary of HR competencies is in Dave Ulrich, Wayne Brockbank, Mike Ulrich, and Dave Kryscynski, 2015, "Toward a Synthesis of HR Competency Models: The Common HR 'Food Groups' or Domains," *People and Strategy*, Fall, Vol. 4, 56–65.

4. For more information about the same, contact the authors.

5. We want to make a brief comment on the statistics we use for these (and other) allocated points. We did correlations among the nine HR competence domains and personal effectiveness and among the nine domains. These correlations were all highly correlated (0.63 to 0.83). We also did regression of the nine domains on the performance outcome, which showed that whichever domain was entered first into the equation predicted much of the outcome. To solve this statistics problem (all nine domains matter and whichever is considered first matters most), we discovered and used regression decomposition techniques as advocated by leading statisticians. These techniques partition the percent of the outcome explained by each of the independent variables. We used this decomposition methodology in all of our regressions to accurately reflect

the relevant impact of independent variables (HR competence domains and HR work activities) on outcomes (individual performance, stakeholders, and business outcomes).

Genizi, A. 1993. "Decomposition of R^2 in Multiple Regression with Correlated Regressors," *Statistica Sinica* Vol. 3, 407–420.

K. F. Nimon, and F. L. Oswald. 2013. "Understanding the Results of Multiple Linear Regression Beyond Standardized Regression Coefficients," *Organizational Research Methods*.

第 3 章

1. N. Smallwood and D. Ulrich. (2004). "Capitalizing on Capabilities." *Harvard Business Review*. June. Accessed from https://hbr.org/2004/06/capitalizing-on-capabilities on August 27, 2016.
2. http://grantspace.org/tools/knowledge-base/Funding-Research/Statistics/number-of-nonprofits-in-the-u.s. Accessed May 21, 2016.
3. "Religion: Gallup Historical Trends." www.gallup.com. Gallup, Inc. Accessed August 25, 2015.
4. N. Houthoofd and J. Hendrick. (2012). Industry Segment Effects and Firm Effects on Firm Performance in Single Industry Firms. HUB research paper 2012/17. Maart.
5. G. S. Hansen and B. Wernerfelt. (1989). "Determinants of Firm Performance: The Relative Importance of Economic and Organizational Factors," *Strategic Management Journal*, Vol. 10, No. 5, 399–411.
6. Adam Smith. *An Inquiry into the Nature and Causes of the Wealth of Nations*. Edwin Cannan, ed. (1904.) Library of Economics and Liberty. Retrieved May 21, 2016, from the World Wide Web: www.econlib.org/library/Smith/smWN.html.
7. E. W. Oliver. (1981). "The Economics of Organization: The Transaction Cost Approach." *The American Journal of Sociology*, vol. 87, no. 3, 548–577.
8. E. Ennen and A. Richter. (2010). "The Whole Is More Than the Sum of Its Parts—Or Is It? A Review of the Empirical Literature on Complementarities in Organizations." *Journal of Management*, vol. 36, no. 1, 207–233.
9. N. Jerome (2013). "Application of Maslow's Hierarchy of Needs Theory: Impact and Implications for Organizational Culture, Human Resource, and Employee Performance," *International Journal of Business and Management Invention*, Vol. 2, no. 31, 39–45.
10. D. Ulrich and W. Ulrich (2010). *The Why of Work*. New York: McGraw-Hill Publishing Company.
11. M. Gladwell (2008). *Outliers*. New York: Little, Brown and Company.
12. E. Michaels, H. Handfield-Jones, and B. Axelrod. (2001). *The War for*

Talent. Boston: Harvard Business Press.
13. T. Chamorro-Premuzic (November 16, 2012). "Dark Side of Charisma," Boston: *Harvard Business Review.*
14. M. Gladwell (2009). *What the Dog Saw.* New York: Little, Brown, and Company.
15. G. S. Becker (1994). *Human Capital: A Theoretical and Empirical Analysis with Special Reference to Education*, 3d edition. Chicago: The University of Chicago Press.
16. B. Groysberg, L. Lee and A. Nanda (2008). "Can They Take It with Them? The Portability of Star Knowledge Workers' Performance," *Management Science,* Vol. 54, No. 7, 1213–1230.
17. B. Groysberg (2010). *Chasing Stars: The Myth of Talent and the Portability of Performance.* Princeton, NJ: Princeton University Press.
18. D. Ulrich and W. Ulrich (2010). Talent requires teamwork. Accessed from RBL.net.
19. P. R. Lawrence and J. W. Lorsch (1967). *Organization and Environment.* Boston: Harvard Business School, Division of Research.
20. J. R. Galbraith (1977). *Organization Design.* Reading, MA: Addison-Wesley.
21. M. E. Porter (1985). *Competitive Advantage.* New York: Free Press.
22. E. Schein (1992). *Organizational Culture and Leadership: A Dynamic View.* San Francisco: Jossey-Bass.
23. T. J. Peters and R. H. Waterman (1982). *In Search of Excellence.* New York: Harper Collins.
24. L. Gryger, R. Saar and P. Schaar (2010). Building Organizational Capabilities. Accessed May 14, 2016. http://www.mckinsey.com/business-functions/organization/our-insights/building-organizational-capabilities-mckinsey-global-survey-results.
25. C. K. Prahalad and G. Hamel (1990). "The Core Competence of the Corporation," *Harvard Business Review.* May-June.
26. G. Saloner, A. Shepard and J. Podolny (2005). *Strategic Management.* New York: John Wiley & Sons.
27. N. Smallwood and D. Ulrich (2004). "Capitalizing on Capabilities," *Harvard Business Review.* June.
28. C. A. Hartnell, A. Y. Ou and A. Kinicki (2011). "Organizational Culture and Organizational Effectiveness: A Meta-Analytical Investigation of the Competing Values Framework's Theoretical Suppositions," *Journal of Applied Psychology,* Vol. 96, No. 4, 677–694.
29. C. A. O'Reilly, D. F. Caldwell, J. A. Chatman and B. Doerr (2014). "The Promise and Problems of Organizational Culture: CEO Personality, Culture, and Firm Performance," *Group & Organization Management,* Vol. 39, no. 6, 595–625.

30. A. L. Kroeber and C. Kluckhohn (1952). *Culture: A Critical Review of Concepts and Definitions.* New York: Vintage Books.
31. L. Richardson (2016). Customer complaints and increasing business: How Disney World hugged this hater. *Influitive.* Accessed May 30 from http://influitive.com/blog/customer-complaints-and-increasing-business-how-disney-world-hugged-this-hater/.
32. D. Ulrich and W. Brockbank (2005). *The HR Value Proposition.* Boston Harvard Business Press.
33. M. A. Huselid (1995). "The Impact of Human Resource Management Practices on Turnover, Productivity, and Corporate Financial Performance," *Academy of Management Journal*, Vol. 38, no. 3, 635–672.
34. The content audit is informed by the Organization Capability Audit from the RBL Group. Accessed from http://rbl.net/index.php/products/product/organizational-capabilities-audit on June 2, 2017.

第4章

1. These four categories were constructed based on factor analysis. The full description of these factor analyses are available from the authors. The items that constitute each factor were then averaged to generate the scores for each HR Department Activity. The full list of items that comprise each HR department activity are provided in subsequent sections of this chapter and in Chapter 5.
2. D. Tapscott and A. Williams. (2008). *Wikinomics: How Mass Collaboration Changes Everything.* London: Penguin.
3. K. Leboeuf (2016). 2016 Updated: What Happens in One Internet Minute. Excelacom. Accessed on June 18, 2016, at http://www.excelacom.com/resources/blog/2016-update-what-happens-in-one-internet-minute.
4. www.internetlivestats.com/internet-users. Accessed June 14, 2016.
5. D. Castro and A. McQuinn. (2015). Cross-Border Data Flows Enable Growth in All Industries. Information Technology and Innovation Foundation. February.
6. McKinsey, 2016.
7. http://www.businessinsider.com/uber-doubles-its-drivers-in-2015-2015-10. Accessed June 15, 2016.
8. http://www.linuxmovies.org/2011/06/linux-movies-hollywood-loves-linux/ Accessed June 12, 2016.
9. http://www.koreaninsight.com/tag/ok-cashbag/ Accessed June 13, 2016.
10. Mckinsey, 2016.
11. A. Gildman (2014). The World's Top eBay Sellers. Web retailer.
12. https://www.tripadvisor.com/PressCenter-c4-Fact_Sheet.html. Accessed June 20, 2016.
13. https://issuu.com/eas-estonia/docs/lie_spring_2016_issuu/36. Accessed

June 22, 2016.
14. Mckinsey, 2015.
15. *The Economists* (2016). June 18. p. 38.
16. Accenture & GE. (2014). Industrial Internet Insights Reports for 2015. Accessed on June 26, 2016, https://www.accenture.com/ae-en/_acnmedia/Accenture/next-gen/reassembling-industry/pdf/Accenture-Industrial-Internet-Changing-Competitive-Landscape-Industries.pdf.
17. M. Gladwell (2009). *What the Dog Saw*. New York: Little, Brown and Company.
18. J. Younger and N. Smallwood. (2016). *Agile Talent: How to Source and Manage Outside Experts*. Boston, MA: Harvard Business Press.
19. W. G. Castellano (2014). *Practices for Engaging the 21st Century Workforce*. Upper Saddle River, New Jersey: Pearson Education.
20. J. J. Foss, T. Pedersen, M. R. Fosgaard, and D. Stea. (2015). "Why Complementary HRM Practices Impact Performance: The Case of Rewards, Job Design, and Work Climate in a Knowledge-Sharing Context," *Human Resource Management*, Vol. 54, No. 6, 955–976.
21. A. A. Katou, P. S. Budhwar, and C. Patel. (2014). "Content vs. Process in the HRM-Performance Relationship: An Empirical Examination," *Human Resource Management*, Vol. 53, No. 4, 527, 544.
22. K. Sanders, H. Shipton, and J. F. S. Gomes. (2014). "Is the HRM Process Important? Past, Current, and Future Challenges," *Human Resource Management*, Vol. 53, No. 4, 489–503.
23. B. S. Klass, M. Semadeni, M. Klimchak, and A. Ward. (2012). "High-Performance Work System Implementation in Small and Medium Enterprises: A Knowledge-Creation Perspective," *Human Resource Management*, Vol. 51, No. 4, 487–510.
24. T. R. Brook, S.Y. Todd, J. G. Combs, D. J. Woehr, and D. J. Detchen. (2011). "Does Human Capital Matter? A Meta-Analysis of the Relationship Between Human Capital and Firm Performance," *Journal of Applied Psychology*, Vol. 96, No. 3, 443–456.
25. J. G. Messersmith, P. D. Patel, D. P. Lepak, and J. S. Gould-Williams. (2011). "Unlocking the Black Box: Exploring the Link Between High-Performance Work Systems and Performance," *Journal of Applied Psychology*, Vol. 6, No. 6, 1105–1118.
26. R. Schmelter, R. Mauer, C. Börsch, and M. Brettel (2010). "Boosting Corporate Entrepreneurship Through HRM Practices, Evidence from German SMEs," *Human Resource Management*, Vol. 49, No. 4., 715–741.
27. J. Kaifeng, D. P. Lepak, J. Jia, and J. C. Baer. (2012). "How Does Human Resource Management Influence Organizational Outcomes? A Meta-Analytical Investigation of Mediating Mechanisms," *Academy of Management Journal*, Vol. 55, No. 6, 1264–1294.

28. C. Chuang, and H. Liao (2010). "Strategic Human Resource Management in Service Context: Taking Care of Business by Taking Care of Employees and Customers," *Personnel Psychology*, Vol. 63, 153–196.
29. M. A. Huselid (1995). "The Impact of Human Resource Management Practices on Turnover, Productivity, and Corporate Financial Performance," *Academy of Management Journal*, Vol. 38, 635–672.
30. P. Tamkin, M. Cowling, and W. Hunt. (2008). "People and the Bottom Line," Institute for Employment Studies. University of Sussex, Brighton.

第5章

1. E. O'Boyle Jr., and H. Aguinis, "The Best and the Rest: Revisiting the Norm of Normality of Individual Performance," *Personnel Psychology* 65, no. 1 (2012): 79–119.
2. H. Aguinis and E. Boyle Jr., "Star Performers in the Twenty-First Century Organization," *Personnel Psychology* 67, no. 2 (2014): 313–350.
3. R. R. Kehoe, D. P. Lepak, and F. S. Bentley, "Let's Call a Star a Star: Task Performance, External Status and Exceptional Contributors in Organizations," *Journal of Management* (2016), accessed on June 27, 2016, at http://jom.sagepub.com/content/early/2016/02/01/0149206316628644.abstract.
4. S. E. Scullen, M. K. Mount, and M. Goff, "Understanding the Latent Structure of Job Performance Ratings," *Journal of Applied Psychology* 85, no. 6 (2000): 956–970.
5. J. Pfeffer, "Low Grades for Performance Reviews," *BusinessWeek* (August 3, 2009): 68.
6. W. Woodward, Annual Performance Reviews: Lose–Lose? (2016), accessed June 23, 2016 http://www.foxbusiness.com/features/2016/02/11/annual-performance-reviews-lose-lose.html.
7. M. Buckingham and A. Goodall, "Reinventing Performance Management," *Harvard Business Review* (April 2016): 40–48.
8. Steve Kerr, *Reward Systems. Does Yours Measure Up?* (Boston, MA: Harvard Business Press, 2009).
9. B. Bill, "Neither Rigged nor Fair," *The Economist* (June 25, 2016): 16–18.
10. W. J. Rothwell and H. C. Kazanas, *Improving On-the-Job Training*, 2d edition (Hoboken, NJ: John Wiley & Sons, 2004).
    M. Alipour, M. Salehi, and A. Shahnavaz, "A Study of On-the-Job Training Effectiveness," *International Journal of Business and Management* 4, no. 11 (2009): 63–68.
11. D. Bean, R. Musson, and C. Li, "WeOrg: the freedom to choose," last modified 2011, accessed June 30, 2016, http://www.managementexchange.com/story/we-org.
12. Eddy, James, Hall, Stephen J. D., Robinson, Stephen R., "How global

organizations develop local talent," *McKinsey Quarterly* (April 8, 2012).
13. J. Fitz-enz and J. R. Mattox, *Predictive Analytics for Human Resources* (Hoboken, NJ: John Wiley & Sons, 2014). J. Fitz-enz, G. Pease, and B. Byerly, *Human Capital Analytics* (Hoboken, NJ: John Wiley & Sons, 2012).
14. E. E. Lawler and J. W. Boudreau, *Global Trends in Human Resource Management: A Twenty-Year Analysis* (Stanford, CA: Stanford Business Books, 2015).
15. D. Ulrich, "Measuring Human Resources: An Overview of Practices and Prescription for Results," *Human Resource Management* 36, (1997): 303–320.
16. B. E. Becker, M. A. Huselid, and D. Ulrich, *The HR Scorecard: Linking People, Strategy and Performance* (Boston, MA: Harvard Business School Press, 2001).
17. M. A. Huselid, R. W. Beatty, and B. E. Becker, "'A Players' or 'A Positions'? The Strategic Logic of Workforce Management," *Harvard Business Review* (December 2005), accessed on July 3, 2016, https://hbr.org/2005/12/a-players-or-a-positions-the-strategic-logic-of-workforce-management.
18. R. W. Beatty, "HR Analytics and Metrics: Scoring on the Business Scorecard," in *The Rise of HR*, edited by D. Ulrich, W. A. Schiemann, and L. Sartain (Alexandria, VA: HR Certification Institute, 2015).
19. T. Davenport, J. Harris, and J. Shapiro, "Competing on Talent Analytics," *Harvard Business Review* (October 2010), accessed on July 3, 2016, http://www.harvardbusiness.org/sites/default/files/HBR_Competing_on_Talent_Analytics.pdf.
20. D. Ulrich, N. Smallwood, and K. Sweetman, *The Leadership Code: Five Rules to Lead By* (Boston, MA: Harvard Business Press, 2008).

第 7 章

1. D. Ulrich, *The leadership capital index: Realizing the market value of leadership* (2015), accessed February 3, 2017. https://books.google.com/books?hl=en&lr=&id=6ZBzCQAAQBAJ&oi=fnd&pg=PP1&dq=leadership+capital+index&ots=-saaWbynga&sig=c5s-XadfyKTRXz1WAE9Mrt_jRtM.
2. D. Ulrich and N. Smallwood, *Why the bottom line isn't!: How to build value through people and organization* (2003), accessed December 28, 2016. https://books.google.com/books?hl=en&lr=&id=hL69unT1EZkC&oi=fnd&pg=PR7&dq=why+the+bottom+line+isn%27t&ots=akdATIR2h_&sig=Uu8Qdk9D53mq7MKX1Luv6HAZESI.
3. Many frameworks exist for assessing risk. An alternative framework to that proposed by COSO comes from work by Bob Kaplan and his

colleagues around the balanced scorecard. They propose three types of risk: employee, strategy, and external. The same logic we apply to the COSO framework could be applied to these risk types.

Robert. S. Kaplan, "Risk Management and the Strategy Execution System," *Balanced Scorecard Report* (November–December 2009).

Robert S. Kaplan and Anette Mikes, "Managing the Multiple Dimensions of Risk," *Balanced Scorecard Report* (July–August 2011).

Robert S. Kaplan and Anette Mikes, "Managing the Multiple Dimensions of Risk, *Balanced Scorecard Report* (September–October 2011).

Ulrich, D., & Smallwood, N. 2003. *Why the bottom line isn't!: How to build value through people and organization.* https://books.google.com/books?hl=en&lr=&id=hL69unT1EZkC&oi=fnd&pg=PR7&dq=why+the+bottom+line+isn%27t&ots=akdATIR2h_&sig=Uu8Qdk9D53mq7MKX1Luv6HAZESI, December 28, 2016.

第 8 章

1. Yan Zhang, David Waldman, Yu-Lan Han, and Xiao-Bei Li, "Paradoxical Leader Behaviors in People Management: Antecedents and Consequences," *Academic of Management Journal* 58, no. 2 (2015): 538–566.

   T. Fang, "Asian Management Research Needs More Self-Confidence: Reflection on Hofstede (2007) and Beyond," *Asia Pacific Journal of Management* 27 (2010): 155–170.

   T. Fang, "Yin Yang: A New Perspective on Culture," *Management and Organization Review* 8 (2010): 25–50.

2. Howard V. Hong and Edna H. Hong, eds., *Kierkegaard's Writings, VII: Philosophical Fragments* (Princeton, NJ: Princeton University Press, 1985): 37.

3. There is a great summary of paradox literature in:
   Nathalie Guilmot and Ina Ehnert, *27 Years of Research on Organization Paradox and Coping Strategies: A Review* (Association of International Management Strategy (AIMS) conference).

   Some of the management thinkers about paradox include:
   S. R. Clegg, J. V. Cuhna, and M. P. Cuhna, "Management Paradoxes: A Relational View, *Human Relations* 55 (2002): 483–503.

   P. A. L. Evans, "The Dualistic Leader: Thriving on Paradox," in S. Chowdhury (ed.), *Management 21C: New Visions for the New Millennium* (NewYork, NY/London, UK: Prentice Hall/Financial Times, 2000): 66–82.

   A. H. Van de Ven and M. S. Poole, "Paradoxical Requirements for a Theory of Organizational Change," in R. Quinn and K. Cameron (eds.), *Paradox and Transformation: Toward a Theory of Change in Organization and Management* (New York: HarperCollins, 1988): 19–80.

R. E. Quinn and K. S. Cameron, *Paradox and Transformation: Toward a Theory of Change in Organization and Management* (Cambridge, MA: Ballinger, 1998).

M.-J. Chen, "Transcending Paradox: The Chinese Middle Way Perspective," *Asia Pacific Journal of Management,* 19 (2002): 179–199.

4. Barry Johnson, *A Perspective on Paradox and Its Application to Modern Management.* Polarity Partnerships, LLC, 2109 J Street, Suite 301, Sacramento, CA 95816, USA. E-mail: barry@polaritypartnerships.com.

5. Kim Cameron, "Effectiveness as Paradox: Consensus and Conflict in Conceptions of Organizational Effectiveness," *Management Science* 32 (1986), 539–553.

   Robert E. Quinn and Kim S. Cameron, *Paradox and Transformation: Toward a Theory of Change in Organization and Management* (Cambridge, MA: Ballinger, 1988).

   Robert E. Quinn, *Deep Change—Discovering the Leader Within.* San Francisco: Jossey Bass, 1996.

6. Marianne Lewis, "Exploring Paradox: Toward a More Comprehensive Guide," *Academy of Management Review* 25 (2000): 760–776.

7. Wendy Smith and M. Lewis, "Toward a Theory of Paradox: A Dynamic Equilibrium Model of Organizations," *Academy of Management Review* 36 (2011): 381–403.

   Wendy K. Smith, "Dynamic Decision Making: A Model of Senior Leaders Managing Strategic Paradoxes," *Academy of Management Journal,* 57, no. 4 (2014): 1592–1623.

8. Yan Zhang, David Waldman, Yu-Lan Han, and Xiao-Bei Li, "Paradoxical Leader Behaviors in People Management: Antecedents and Consequences," *Academic of Management Journal* 58, no. 2 (2015): 538–566.

9. Jean Britton Leslie, Peter Ping Li, and Sophia Zhao, *Managing Paradox: Blending East and West Philosophies to Unlock Its Advantages and Disadvantages* (white paper, Center for Creating Leadership), sourced at: http://insights.ccl.org/articles/leading-effectively-articles/manage-paradox-for-better-performance/.

10. O. Gottschalg and Z Ollo, "Interest Alignment and Competitive Advantage", *Academy of Management Review,* (2007): Vol 32 (2), pp. 418–437.

第 9 章

1. Dave Ulrich and Wayne Brockbank, "Creating a Winning Culture from the Outside In," *HBR Blog* (2016).

   Dave Ulrich and Wayne Brockbank, "Take Culture to New Heights," *Workforce Magazine* (May–June 2016): 26–29.

Wayne Brockbank and Dave Ulrich, "The Why, What, and How of Culture: Replacing the War for Talent with Victory Through Organization," *Talent Quarterly* (2016).

Dave Ulrich, Dale Lake, Jon Younger, and Wayne Brockbank, "Change Insights and HR Implications," *NHRD Publication* (2012).

Dave Ulrich, Todd Jick, and Steve Kerr, *The GE Workout: How to Implement GE's Revolutionary Method for Busting Bureaucracy and Attacking Organization Problems* (New York: McGraw-Hill Publishing Company, 2002).

2. For a summary of strategic planning thought leaders and their approach to strategy and culture see

   Dave Ulrich, *Leadership Capital Index: Realizing the Market Value of Leadership* (San Francisco: Berrett Kohler, 2015).

3. Dave Ulrich, Jon Younger, Wayne Brockbank, and Michael Ulrich, *HR from the Outside In: Six Competencies for the Future of Human Resources* (McGraw-Hill Publishing Company, 2012).

4. Dave Ulrich, "The Value of Values," *Your Workplace* 16, no. 5 (2014): 30–31.

5. Dave Ulrich, *Leadership Capital: Realizing the Market Value of Leadership* (Oakland, CA: Berrett Kohler, 2015).

6. Dave Ulrich, "Resolving Performance Management Paradox Through Positive Performance Accountabilty," *Talent Quarterly* (2016).

7. William Schiemann and Dave Ulrich, "Rise of HR—New Mandates for I/O Psychology," *Industrial and Organizational Psychology: Perspectives on Science and Practice* 10, no. 1 (2016).

8. There are wonderful lists of nonfinancial rewards.

   Bob Nelson, *1501 Ways to Reward Employees* (Workman Publishing Company, 2012).

   Bob Nelson and Barton Morris, *1001 Ways to Energize Employees* (Workman Publishing Company, 1997).

9. D. Ulrich and W. Ulrich, *The Why of Work* (McGraw-Hill Publishing Company, 2011).

第 10 章

1. Dave Ulrich, *Human Resource Champions* (Boston: Harvard Business Press, 1996).

2. Robert S. Kaplan and David P. Norton, *The Balanced Scorecard, Translating Strategy into Action* (Harvard Business Press, 1996): 30–32, 148–150.

   Robert Kaplan and David P. Norton, *Strategy Maps, Converting Intangible Assets into Tangible Outcomes* (Harvard Business School Publishing, 2004).

3. A. M. Kaplan and M. Haenlein, "Users of the World, Unite! The Challenges and Opportunities of Social Media," *Business Horizons* 53, no.1 (2010):

59–68.
4. https://leveragenewagemedia.com/blog/social-media-infographic/.
5. Maxim Wolf, Julian Sims, and Huadong Yang, "The Role of Social Media in Human Resource Management," UK Academy for Information Systems Conference Proceedings 2014, Paper 30, http://aisel.aisnet.org/ukais2014/3.
6. Alfred Walker, *Human Resources Information Systems* (Van Nostrand Reinhold Company, 1982).
   Alfred Walker, *Handbook of Human Resource Information Systems: Reshaping the Human Resource Function with Technology* (New York: McGraw-Hill Publishing Company, 1992).
   Alfred Walker (ed.), *Web-Based Human Resources* (New York: McGraw-Hill Publishing Company, 2001).
7. http://www.forbes.com/sites/jeannemeister/2014/01/06/2014-the-year-social-hr-matters/#335c4c9a62dc.
8. http://www.forbes.com/sites/jeannemeister/2014/01/06/2014-the-year-social-hr-matters/2/#7bf009a02a6d.
9. https://www.accenture.com/us-en/insight-outlook-how-collaboration-technologies-are-improving-process-workforce-business.
10. Brian Lonsway, *Making Leisure Work: Architecture and the Experience Economy* (London: Routledge, 2009).
11. http://www.gensler.com/2016-design-forecast-lifestyle.
12. Joseph Pine and James Gilmore, *The Experience Economy* (Boston: Harvard Business School Press, 1999).
13. http://www.careerarc.com/blog/2015/06/38-percent-of-employees-who-were-let-go-share-negative-views-of-employers-new-careerarc-employer-branding-study/.
14. http://www.cipd.co.uk/binaries/social-technology-social-business_2013.pdf.
15. https://www.weforum.org/reports/the-future-of-jobs.